GRAMMAIRE

PERSANNE.

كتاب

شكرستان

در نحوي زبان پارسي

تصنيف

يونس اوكسغردي

GRAMMAIRE
PERSANNE.

TRADUITE DE L'ANGLOIS DE

MR. JONES,

ASSOCIÉ DU COLLEGE NOMMÉ *DE L'UNIVERSITÉ*, À
OXFORD:

MEMBRE DES SOCIETÉS ROYALES DE LONDRES ET DE
COPENHAGUE.

REVUE ET CORRIGÉE PAR L'A.

چو عندليب فصاحت فروشد اي حافظ
تو قدر او بسخن گفتن دري بشكن

A LONDRES,

Chez T. CADELL, Libraire dans le Strand.
MDCCLXXII.

PREFACE.

LA langue Perſanne eſt riche, mélodieuſe, élégante ; elle eſt en vogue depuis pluſieurs ſiécles dans les cours les plus polies de l'Aſie ; et le grand nombre d'ouvrages admirables qui ſont écrits dans cette langue prouve, que les hiſtoriens, les philoſophes, les poëtes la trouvent également propre à exprimer la beauté des idées et l'élévation des ſentimens.

Il paroit donc fort étrange que l'étude de cet idiome ſoit ſi peu récherchée parmi nous dans un tems où un ſavoir général et étendû ſemble être le goût dominant ; que les bibliothéques ſoient remplies des manuscrits qui renferment les plus belles productions d'une nation célébre, sans que les connoisseurs fassent la moindre tentative pour découvrir au public le prix de ces rares tréfors : cependant, un si juste étonnement cessera lorsqu'on aura réfléchi sur les diverses causes qui ont mis obstacle dans nos païs au progrès de la litérature orientale.

Plusieurs d'entre nous ne veulent pas se laisser convaincre que ces écrits ont un véritable mérite. Quelqu'uns prétextent des affaires importantes pour s'exempter de vaquer à cette étude; d'autres sont en effet trop épris d'une vie oisive pour y songer. Il se trouve des gens qui méprisent les Persans, parce qu'ils croïent en Mahomet, comme si la beauté du génie étoit irréconciliable avec l'absurdité des préjugés; et le plus grand nombre dédaignent la langue Persanne, parce qu'ils ne l'entendent pas. L'homme en général cherche à masquer, ou à cacher son ignorance ; on en trouve peu qui aïent assez de grandeur d'ame pour reconnoître l'excellence de ce qui est au delà de leurs acquisitions ; pires dans leur aveuglement volontaire que les sauvages qui croïoient, de bonne foi, que le soleil se levoit et se couchoit pour eux seuls, et qui ne pouvoient se persuader que les vagues qui entouroient leur isle laissassent des perles et du corail sur d'autres rivages que les leurs.

A ces causes s'en joint une autre qui fait negliger la langue Persanne ; c'est la rareté des livres qu'il faut parcourir pour l'apprendre parfaitement. La plûpart de ces livres conservés dans les diverses bibliothéques de l'Europe y sont montrés plutôt comme des objets de curiosité que comme des sources de connoissances : ils sont admirés ainsi que les écrans Chinois dont les caracteres frappent par leurs agréables couleurs, et non par le sens qu'ils contiennent.

Les excellens écrits de la Gréce et de Rome n'ont pas eû tous ces désavantages; aussi sont-ils étudiés par tous ceux qui reçoivent une éducation libérale, et ils répandent un général raffinement de goût: ce n'est que quelques difficultés de plus à surmonter, qui nous privent des lumiéres d'une nation qui n'est pas moins distingué que les deux autres dans l'histoire ancienne.

Mais comme si ce n'étoit point assez que cette branche de litérature eût trouvé tant d'obstacles de la part des ignorans, il faut encor qu'elle ait été arrêtée dans son cours par les savans mêmes. Plusieurs d'entre eux ont borné leurs études au détail de la critique des mots: semblables à des hommes qui aïant découvert une mine d'or ou de pierreries, s'amuseroient à y ramasser des piéces de criftal ou des cailloux unis. D'autres, fans faire une diftinction bien éffentielle, ont pris la lecture pour le favoir, et ont parcourû fuperficiellement un grand nombre de manufcrits, fans daigner s'arrêter aux difficultés qu'ils y ont rencontré, ou aux beautés qui s'offroient à leurs remarques. Quelques uns ne nous ont laiffé pour fruits de leurs vieilles que des grammaires et des dictionnaires; mais quoique ce laborieux travail ait fon prix, leur réputation auroit été plus loin, s'ils ne fe fuffent pas eux-mêmes arrêtés pouvant aller plus avant: s'ils avoient contribué à embellir et à orner le temple du favoir au lieu de paffer leur vie à en parer les portiques et les avenuës.

Enfin, les commentateurs ont achevé de faire tomber les belles lettres en difcrédit; leur prétendu goût pour l'érudition et leur réélle ftupidité leur ont fait anéantir les beautés qu'ils entreprenoient d'étaler, et embrouïller les auteurs qu'ils vouloient expliquer. Peu d'entre eux paroissent avoir trouvé le moindre plaisir dans une composition élégante, excepté qu'il y eut quelque erreur de copiste à corriger, quelque expression qu'ils ne comprenoient pas à éclaircir, ou quelque passage très clair à obscurcir par leurs notes.

Ces travers ont eû un conséquence très malheureuse ; les gens d'un esprit brillant et délicat en sont venûs à regarder l'application sérieuse à l'étude des langues, comme ne s'accordant ni avec la vivacité de l'imagination, ni avec la force du génie ; de maniere que l'état des belles lettres semble s'être divisé en deux classes, l'une, les gens savans qui n'ont point de goût, l'autre, les gens de goût qui n'ont point de savoir.

M. de Voltaire, qui surpasse tous les auteurs contemporains de sa nation par

l'élégance de fon ftile et par la merveil-
leufe variété de fes talens, reconnoit la
beauté des images et des fentimens des
auteurs Perfans ; il a verfifié un beau
paffage de Sadi, qu'il compare à Pe-
trarque. Si ce grand homme avoit ajouté
la connoiffance des langues Afiatiques à
fes autres acquifitions, nous aurions déja
vû les poëmes et les hiftoires des Perfans
dans un habillement Européen, et toute
autre recommandation leur feroit inutile.

Un obftacle plus fort que tous ceux,
dont il a été fait mention, s'oppofe encor
au progrès de la litérature orientale, c'eft
le peu d'encouragement que les princes
et les grands de l'Europe donnent au
gens de lettres. Il eft d'une vérité in-
conteftable, que le favoir fleurit le plus
dans les lieux où l'on donne de plus
grandes récompenfes à ceux qui le poffe-
dent. Les plus brillans périodes des an-

nales de la litérature font les regnes des
princes éclairés et généreux, qui favent
que les bons auteurs font les oracles
du monde, defquels les rois, les héros,
les hommes d'état doivent attendre la
cenfure ou l'approbation de la pofté-
rité.

Dans les anciens états de la Gréce, les
honneurs les plus diftingués étoient defti-
nés aux poëtes, aux philofophes, aux
orateurs ; une feule ville, pendant la durée de l'age d'un homme, produifit un
plus grand nombre de monumens du
génie humain que la plûpart des autres
nations n'en ont produits dans le cours
de plufieurs fiécles.

La libéralité des Ptolemées attira en
Egypte un grand nombre de favans, et
de poëtes, qui firent l'ornement de la
cour de ces rois, et dont les ouvrages
nous reftent comme des modéles de goût
et d'élégance. Les auteurs qu'Augufte

protégea, porterent leurs compofitions à un degré de perfection que le langage des mortels ne peut furpaffer. Tandis que toutes les nations de l'Europe fembloient s'être replongées dans les tenebres de l'ignorance; les califs, en Afie, encouragerent les Mahometans à mettre leurs talens à profit, et à cultiver les beaux arts. On vit même le fultan Turc qui chaffa les Grecs de Conftantinople, fe déclarer protecteur du mérite litéraire, et être lui-méme un élégant poëte. L'illuftre famille Médicis invita à Florence les favans qui fuïoient la domination des Turcs; et une lumiere générale fuccéda à l'obfcurité que l'ignorance et la fuperftition avoient répandûe dans la partie occidentale du monde. Mais cette lumiere n'a pas continué avec la même fplendeur, et quoiqu'on ait fait quelques legers efforts pour la ranimer, il femble qu'elle a graduellement baiffé depuis un fiécle ; elle devient très foible en Italie, elle eft fur le point de s'éteindre en France ; et les étincelles que peut en refter dans les autres païs étant renfermées dans les cabinets des hommes humbles et modeftes, elles ne peuvent avoir leur influence naturelle.

Les grands de nos jours regardant le favoir comme une acquifition fubordonnée, qui ne s'accorderoit pas avec la dignité de leur état, penfent qu'il doit être abandonné à ceux qui roulent dans une moindre fphere ; mais ils ne réfléchiffent point fur le nombre des avantages que l'étude des belles lettres donne dans toutes les conditions : ils ne confiderent pas combien, furtout, elle feroit utile aux perfonnes qui tiennent un rang éminent et de grands emplois, lefquels, au lieu de fe délaffer de leurs fatigues par une fuite de plaifirs efféminés et de vains amufemens, pourroient emploïer

leurs loifirs en augmentant leurs connoiffances, et en converfant avec les
hommes d'état, les orateurs, et les phi-
fophes de l'antiquité.

Si le favoir en général trouve fi peu
d'encouragement, on en doit encore
moins attendre pour la branche de ce
favoir qui eft fi éloignée de la route ordinaire, et qui eft confidérée par un fi
grand nombre comme ne pouvant donner ni plaifir, ni inftruction. Si donc
la peine, et fouvent le befoin font le
commun lot d'un favant, la vie d'un favant orientalifte doit être incomparable-
ment plus dure et plus fatiguante. Gentius, qui publia un admirable ouvrage
Perfan, intitulé *Le Jardin de Rofes*, avec
une traduction (à la vérité peu élégante,
mais très utile) vecut dans l'obfcurité, et
mourut en Hollande dans la mifere. Le
Dr. Hyde, qui étoit très capable de ré-
pandre le favoir oriental, forma dans cette

vûe plufieurs projets; mais ils étoient extremement difpendieux, et il n'eût pas l'affiftance qu'ils requerroient, et qu'ils méritoient. Les travaux de Meninfki l'immortaliferent et le ruinerent: fon dictionnaire des langues Afiatiques eft la plus laborieufe des compilations qui aïent jamais été entreprifes par un feul homme; mais il fe plaint dans fa préface d'avoir épuifé fon patrimonie par la dépenfe qu'il avoit fait pour fupporter le grand nombre d'écrivains et d'imprimeurs qu'il avoit étoit obligé d'emploïer, et par celle de l'établiffement d'une préffe pour les caracteres orientaux. Il eft vrai que M. d'Herbelot reçut les plus fplendides ré- compenfes de fon mérite; il fut invité par Ferdinand II. duc de Tofcane, qui le traita avec cette furprenante magnifi- cence qui diftingua toujours la race de Médicis. Après la mort de ce prince, l'illuftre Colbert fit revenir M. d'Herbelot à Paris, où il jouït du fruit de ſes laborieuſes veilles, et paſſa le reſte de ſes jours dans une honorable et paiſible re-traite. Mais c'eſt ici un exemple très rare; les princes de l'Europe ne ſe font pas empreſſés d'imiter le duc de Toſcane: la gloire d'être le protecteur des muſes orientales et de les faire fleurir dans ce ſiécle étoit reſervée à Chrétien VII.

La litérature orientale étant ſi négli-gée, et les cauſes de cette négligence ſi multipliées, on ne devoit pas s'attendre que de foibles motifs puſſent réveiller l'attention de l'Europe à ce ſujet, et un ſi injuſte mépris auroit probablement continuée ſans le plus puiſſant des aiguil-lons qui excitent le cœur de l'homme: l'interêt fut la baguette magique qui amena toutes les nations dans un même cercle: l'interêt fut le charme qui donna aux langues de l'orient une importance réélle et ſolide. Par une révolution que la fageſſe humaine ne pouvoit prévoir, la langue Perſanne parvint dans l'Inde, et devint commune dans ce célébre empire qui par l'état floriſſant de notre commerce eſt une ſource incroïable de richeſſes pour les négocians de l'Europe. Diverſes cauſes, dont il eſt ici inutile de faire mention, donnerent aux Anglois le pouvoir le plus étendû dans ce roïaume. Notre compagnie des Indes commença à prendre ſous ſa protection les princes du même païs, où, par la protection de leurs prédéceſſeurs, elle avoit acquis ſon prémier établiſſement. Pluſieurs affaires importantes ſoit en tems de paix, ſoit en tems de guerre, devoient être traitées entre des nations également jalouſes l'une de l'autre, et qui n'avoient pas le moïen ordinaire pour s'exprimer leurs ſentimens : ceux qui preſidoient à ces affaires recevoient des lettres qu'ils ne pouvoient lire, et avoient l'ambition d'obtenir des titres

dont ils ne comprenoient pas le sens.
On sentit le danger d'emploïer pour in-
terpretes les natifs du païs, sur la fidelité
desquels on ne pouvoit compter. Enfin,
on s'apperçût qu'il falloit apprendre la
langue Persanne, dans laquelle les lettres
des princes Indiens étoient écrites. Bientôt, quelques gens de goût qui résidoient
à Bengale, chercherent à emploïer leurs
heures de loisir dans la lecture des auteurs Persans; mais à chaque page ils
sentirent le besoin qu'ils avoient d'entendre l'Arabe, sans lequel la connoissance
de la langue Persanne est très bornée et
très imparfaite. Les idiomes de l'Asie
seront peut-être, à présent, étudiés avec
la plus grande ardeur; on sait qu'ils
sont utiles, et on ne tardera pas de les
trouver instructifs et amusans. Les esti-
mables manuscrits qui enrichissent nos
bibliotheques publiques seront élégamment imprimés dans quelques années.

Les manieres et les fentimens des nations orientales nous feront parfaitement connûs; et les limites de nos connoiffances ne feront pas moins étendûes que les bornes de notre empire.

Ce fut dans le deffein de faciliter le progrès de cette branche de litérature, que je mis en ordre les inftructions fuivantes fur la langue Perfanne : je les avois raffemblées depuis plufieurs années; mais je ne voulois préfenter ma Grammaire au public qu'après l'avoir augmentée et perfectionée. J'ai donc taché de pofer les régles les plus claires et les plus éxactes, que j'ai enfuite expliquées par des exemples choifis et puifés dans les meilleurs auteurs. J'ai, avec foin, comparé mon ouvrage avec chaque compofition du même genre que j'ai pû trouver. Si fur un fujet fi général, j'ai dû faire des obfervations communes à tous ceux qui l'ont traité, je ne m'en flatte

pas moins que mes propres remarques,
l'arrangement des matieres et les paſſages
que j'ai cités dans cette grammaire, ſuf-
firont pour la marquer au coin d'une
production originale. Quoique je ne
ſache point y avoir fait de mépriſes, ou
d'omiſſions eſſentielles, je ne preſume
pas y avoir atteint à la perfection, laquelle ſemble s'éloigner à proportion des
efforts qu'on fait pour en approcher;
ſemblable au taliſman des contes Arabes,
qu'un oiſeau portoit d'arbre en arbre à
meſure qu'il étoit pourſuivi. Ma principale attention a été d'éviter ces termes
durs et affectés de l'art qui rendent les
ouvrages didactiques ſi ennuïeux et ſi
déſagreables; et qui embarraſſent le commençant ſans lui rien apprendre d'eſſen-
tiel. Je me ſuis même abſtenu de tout
argument ſur la grammaire générale; et
d'entrer dans ces ſujets qui ont déja été
ſi elegamment diſcutés par le plus judi-

cieux philofophe *, le plus habile théo-
logien †, et le plus laborieux favant de
ce fiécle ‡.

Mon prémier deffein avoit été de mettre à la tête de cette grammaire une hiftoire de la langue Perfanne depuis le
tems de Xenophon jufqu'à nos jours, et
d'y ajouter une praxis de fables et de
poëmes extraits des claffiques auteurs
Perfans. Mais comme ces additions au-
roient differé la publication de cet ouvrage, dont on a principalement befoin,
je les ai refervée pour un volume feparé
que je donnerai bientôt au public. J'ai
fait de plus une ample collection de ma-
tériaux pour une hiftoire générale de
l'Afie, et pour un traité fur la géogra-
phie, philofophie, et literature orien-

---

* Voïez Hermès, ou Difcours fur la Gram. univerfelle.
† Une brieve Introduction à la Grammaire Angloife.
‡ La grammaire qui eft à la tête du dictionaire de la
langue Angloife.

tales ; et je compte de mettre le tout
en ordre, fi des etudes plus importantes
et plus folides pour moi me permettent
quelques intervales de loifir.

Je ne faurois ici m'empêcher de re-
connoitre les marques fignalées de bonté
et d'attention que j'ai reçûes de plufieurs
dignes et favantes perfonnes, parmi lefquelles je fuis particulierement obligé au
Général Carnac, dont la précieufe collection de manufcrits Perfans fur toutes
les branches de la litérature orientale,
m'a été d'un grand fecours. Un très-
habile profeffeur d'Oxford a avancé mes
études avec cette candeur et cette bien-
veillance qui diftinguent fon excéllent
caractere, et je fuis auffi très-redevable à
plufieurs hommes de mérite qui font
l'ornement de cette univerfité. C'eft encore avec un fingulier plaifir que je con-
feffe devoir à un gentilhomme étranger ce
que je puis favoir de la langue Perfanne,

et que mon zéle pour la poësie et la philologie des orientaux a été excité par sa converfation, ainfi que par l'agréable correfpondance dont il continue à m'honorer.

Avant que de conclure cette préface, je ferai quelques remarques fur la méthode que je trouve la meilleure pour apprendre la langue Perfanne, et fur les avantages qu'on peut en retirer. Quand le commençant pourra lire les caracteres couramment, qu'il aura appris la prononciation de chaque lettre ; il faudra qu'il parcoure avec attention cette grammaire, et qu'il retienne par cœur l'inflexion réguliere des noms et des verbes, fans pourtant fe charger leur mémoire de ceux qui s'écartent de la forme ordinaire, lefquels s'apprendront infenfiblement par la lecture. Arrivé à ce point d'avancement, il trouvera qu'un dictionnaire lui eft néceffaire, et j'efpere qu'il

m'en croira, quand je l'aſſurerai d'après
une longue expérience, qu'avec l'admirable ouvrage de Meninſki il n'aura be-
ſoin de nul autre ſecours pour ſe per-
fectioner dans la langue Perſanne : à
l'aide de cet ouvrage, il pourra analyſer
les paſſages cités dans cette grammaire,
et examiner comment ils en expliquent
les régles. Il faudra, cependant, qu'il
ne néglige point de converſer de vive
voix avec celui qui lui aura enſeigné à
prononcer, et qu'il apprene de lui les
phraſes communes, et les noms des objets exterieurs, ce qu'il n'aura pas de
peine à retenir s'il veut s'en raffraichir la
mémoire par le dictionnaire.

Le prémier livre que je lui conſeille
de lire eſt le Guliſtán, ou le Jardin de
Roſes, ouvrage fort eſtimé en Orient,
et duquel il y a pluſieurs traductions en
langues Européénes. Les manuſcrits de
cet ouvrage ſont très-communs, et en

les comparant avec l'édition imprimée de Gentius, il connoitra bientôt la belle écriture courante dont on se sert en Perse, qui consistant en traits hardis, et en ornemens, ne peut être imitée par nos caracteres. Il fera bien de prendre quelque chapitre court et facile de ce livre et de le traduire mot à mot dans sa langue naturelle ; et après un intervalle convenable de le remettre en Persan à l'aide de de la grammaire et du dictionnaire ; ensuite de comparer cette seconde traduction avec l'original, et de corriger ses fautes sur ce modele. C'est là l'exercice qu'ont tant recomandé les anciens rhétoriciens, par lequel l'étudiant acquiert graduellement le style et la tournure des auteurs qu'il desire d'imiter, et peut en six mois apprendre quelque langue que ce soit avec facilité et avec plaisir.

Quand il pourra s'exprimer en Persan sans trop de peine, je lui conseille de

lire quelque histoire élégante, ou quelque agréable poëme avec son vivant in-
structeur (qui s'il se peut doit être un
natif du païs) lequel lui expliquera les
mots d'usage, et les expressions délicates
qui se rencontreront, ainsi que la beauté
des allusions et des images. Le meilleur
des livres dans cette langue est selon moi
le recuëil de contes et de fables intitulé
Anvar Soheili par Hussein Váez, sur-
nommé Caschefi, auteur qui a pris pour
son texte l'ouvrage célébre de Bidpaï ou
Pilpay, et a renfermé dans quatorze ex-
céllens chapitres toute la sagesse des nations orientales. Il peut aussi prier son
munchi ou écrivain de copier une section du Gulistán, ou une fable de Caschefi dans l'écriture rompûe dont on se
sert dans l'Inde, laquelle il apprendra
parfaitement en peu de jours, en comparant ses tours et ses contractions avec
les écritures régulieres des Arabes et des

Perſans. Il ne doit pas ſe décourager
par les difficultés qu'on trouve à lire les
lettres Indiennes, car en effet les caracteres y ſont les mêmes que dans les livres
imprimés; ils ne paroiſſent ainſi diffi-
ciles que par la frequente omiſſion des
points diacritiques, et le manque de ré-
gularité dans la poſition des mots; mais
qui ne ſait que par de ſemblables fautes
nous ſommes ſouvent embarraſſés à pouvoir lire les lettres que nous recevons
dans notre propre langue.

Je ſuis perſuadé que, quiconque étu-
diera la langue Perſanne ſuivant le plan
que je viens de donner, ſera en moins
d'un an capable de traduire les lettres
des princes Indiens, et d'y faire réponſe;
qu'il pourra converſer avec les natifs de
ce païs, non ſeulement avec facilité, mais
encore avec élégance. Quant à celui
qui deſirera de ſe diſtinguer comme excellent traducteur, qui voudra entendre,

non feulement le deffein général d'un
ouvrage, mais auffi fes graces et fes ornemens, il doit néceffairement apprendre
la langue Arabe, qui eft fi finguliere-
ment mêlée avec le Perfan, que fouvent
une période contient les deux langues
entierement diftintes l'une de l'autre pour
l'expreffion et l'idiome, quoique totale-
ment réûnies pour le fens et la conftruction. Ceci paroitra étrange à un lecteur
Européen, mais il peut fe former une idée
de cette finguliere mixtion en fuppofant
le Latin et le François melés dans la fentence fuivante, " *La véritable* lex eft
" recta ratio, *conforme* naturæ, *laquelle*
" *en commandant* vocet ad officium, *en*
" *défendant* à fraude deterreat."

La connoiffance de ces deux langues
eft accompagnée de plufieurs avantages ;
l'Hebreu, le Caldéen, le Syriaque, et
l'Ethiopien font des dialectes de l'Arabe,
et y reffemblent comme l'idiome Ionique

reſſembloit à l'Attique. Le jargon de l'Indoſtan, très improprement nommé la langue des Maurs, a un ſi grand nombre de mots Perſans, que j'ai pû ſans beaucoup de peine de lire les fables de Pilpay traduites dans cet idiome. Le Turc a dix mots Arabes ou Perſans pour un originairement Scythien ; ce qui l'a ſi fort épuré que les derniers rois de Perſe ſe plaiſoient à s'en ſervir dans leurs cours. En un mot, on trouve à peine un païs ſoit en Aſie, ſoit en Afrique, depuis la ſource du Nil juſqu'à la muraille de la Chine, où un homme qui entend l'Arabe, le Perſan, et le Turc ne puiſſe voïager avec ſatisfaction, et négocier les plus importantes affaires avec avantage et ſureté.

Il ſe peut que les belles lettres ne ſoient pas eſſentiellement utile à la plûpart des hommes, qui n'ont le loiſir, ni l'inclination de cultiver cette branche ſi étendue du favoir; mais l'hiftoire civile et naturelle des puiffans empires de l'Inde, de Perfe, d'Arabie, et de Tartarie ne peut qu'être très agreeable à ceux qui fe plaifent à confidérer le grand tableau de l'univers, à voir par quels degrès les états les plus obfcurs font parvenus au comble de la gloire, et les plus floriffans roïaumes fe font anéantis. Le philofophe regardera comme très précieux ces ouvrages, par lefquels il pourra tracer l'entendement humain fous fes diverfes apparences, depuis l'état le plus groffier jufqu'au plus civilifé. L'homme de goût fera, fans doute, charmé d'ouvrir les tréfors du génie naturel, et de recuëillir les fleurs d'une libre et fertile imagination.

کتاب

شکرستان

در نحوي زبان پارسي

GRAMMAIRE
PERSANNE.

DES LETTRES.

ON suppofe que ceux qui veulent apprendre la langue Perfanne connoiffent les termes ordinaires de la grammaire, et favent que les Perfans écrivent de la main droite à la gauche.

L'alphabet Perfan a trente deux lettres.

A

	IV.	III.	II.	I.	
	FINALES.		**INITIALES et MEDIALES.**		
	Jointes.	Disjointes.	Jointes.	Disjointes.	
Alif.	ا	ا	ا	ا	A.
Ba.	ب	ب	ب	ب	B.
Pa.	پ	پ	پ	پ	P.
Ta.	ت	ت	ت	ت	T.
Sa.	ث	ث	ث	ث	S ou Th.
Jim.	ج	ج	ج	ج	G ou Dg.
Tchim.	چ	چ	چ	چ	Tch.
Hha.	ح	ح	ح	ح	Hh.
Kha.	خ	خ	خ	خ	Kh.
Dal.	د	د	د	د	D.
Zal.	ذ	ذ	ذ	ذ	Z.
Ra.	ر	ر	ر	ر	R.
Za.	ز	ز	ز	ز	Z.
Zha.	ژ	ژ	ژ	ژ	Zh ou J.
Sin.	س	س	س	س	S.
Chin.	ش	ش	ش	ش	Ch ou Sch.
Sfad.	ص	ص	ص	ص	Sf.
Zzad.	ض	ض	ض	ض	Zz.
Ta.	ط	ط	ط	ط	T.

	IV.	III.	II.	I.	
	FINALES.		INITIALES et MEDIALES.		
	Jointes.	Disjointes.	Jointes.	Disjointes.	
Zza.	ظ	ظ	ظ	ظ	Zz.
Ain.	ع	ع	ع	ع	A.
Gain.	غ	غ	غ	غ	Gh.
Fa.	ف	ف	ف	ف	F.
Kaf.	ق	ق	ق	ق	K.
Caf.	ك	ك	ك	ك	K.
Gaf.	گ	گ	گ	گ	G.
Lam.	ل	ل	ل	ل	L.
Mim.	م	م	م	م	M.
Nun.	ن	ن	ن	ن	N.
Vau.	و	و	و	و	V ou W.
Ha.	ه	ه	ه	ه	H.
Ya.	ي	ي	ي	ي	Y.

La seconde et quatrieme colomne de ces lettres, en prenant depuis la main droite, ne sont emploïées que lorsqu'elles sont jointes à une lettre précédente; comme محمد Mohammed. Chaque lettre doit être jointe à celle qui la suit, excepté les sept suivantes; ا alif, د dal, ذ zal, ر ra, ز za,

زْ zha, et وْ vau, lesquelles ne font jamais jointes à la lettre qui suit, comme on le verra dans ces mots برك berk *une feuille*, داوري daveri *un état*.

Quoiqu'on ne puisse apprendre la parfaite prononciation de ces lettres que de la bouche d'un Persan ou d'un Indien, il est à propos d'ajouter quelques observations sur les plus remarquables d'entre elles.

DES CONSONNES.

Il seroit inutile de s'étendre beaucoup sur les trois prémieres consonnes ب پ ت puisqu'elles forment le son de notre *b*, *p*, et *t*, dans les mots *barre*, *pire*, et *tel*, lesquels seroient écrits en Persan بار پير et تل.

ثْ

Cette lettre, que les Arabes prononcent à peu près comme le *th* Anglois, a en Persan le son d'un س ou *s*, comme ابو ليث Abu Leis *nom propre*. Elle auroit donc pû être rejettée sans conséquence de l'alphabet Persan ; mais elle sert à montrer l'origine des mots, étant très rarement emploïée dans ceux qui ne font pas Arabes. Le même peut être obſervé des lettres ſuivantes, ح ص ض ط ظ ع ق غ leſquelles ſe rencontrent rarement dans les mots qui ſont originairement Perſans.

چ et ج

La prémiére de ces lettres ſe prononce comme *dg*, par exemple جام dgiám *une coupe*. La ſeconde ج ſonne exactement comme *tch*, comme چرکس Tchirkés *la Circaſſie*.

ح

ح s'aſpire fortement, et peut être exprimée dans nos caracteres par un double *h*, comme حال hhál *une condition*.

خ

خ eſt formé dans la gorge, et a un ſon ſemblable au *ch* Allemand; mais les Perſans le prononcent moins durement que les Arabes, et lui donnent le ſon de *c* mis avant *a, o, u,* dans le dialecte Toſcan, comme خان khan *un ſeigneur*, qu'un Florentin prononceroit comme *can*. C'eſt là le mot qui eſt ſi diverſement et ſi errônément écrit par les Européens: le ſouverain de Tartarie n'eſt

ni le *cham*, comme nos voïageurs l'appellent, ni
le *han*, comme Voltaire le veut, mais le خان
khán ou cán, avec une aspiration sur la prémiere
lettre.

ذ

répond à notre *d* en *dire* ذر

ذ

Cette lettre, que les Arabes prononcent *dh*, a
en Persan le son de ز *z*, et souvent est confondûe
avec elle ; ainsi ils écrivent گزشتن et كذشتن
guzifhten *passer*. On ne s'en sert presque jamais
que dans des mots Arabes, quoiqu'on puisse quelques fois la rencontrer dans des mots purement
Persans, comme اذربیجان Azarbígián *la province
de Medie*, ainsi nommée de اذر ázar, ancien
mot pour *feu*, parceque, selon les historiens Asiatiques, les adorateurs du feu bâtirent leurs prémiers temples dans cette province.

ل

et les trois liquides ل م ن font prenon-
cées comme notre *r*, *l*, *m*, *n* ; comme ارام arám
repos, لاله láleh *une tulipe*, مار már *un serpent*

nán *pain.* Mais پ avant ب a le son d'une

m, comme كنبد kumbed *une tour,* عنبر amber

ambregris.

ژ a le son de notre *z,* comme لاله زار lálehzár

un jardin de tulipes.

Cette lettre a le son de notre *j* confonne devant

un *u,* comme dans *parjure;* et correfpond par-

faitement à notre *g* dans le mot *gens.* On peut

l'exprimer dans nos caractéres par un *j,* comme

ژاله *jáleh rofée.*

ش et س

س et ش répondent à notre *s* au commencement

d'un mot, et à notre *ch,* comme شاه سليم Cháh

Selim *le roi Selim.* On peut auffi exprimer cette

derniere par *fch,* comme شاد *fchád joïeux.*

ظ ط ض ص

Ces quatre lettres font prononcées par les

Arabes d'une maniere qui leur eft particuliere;

mais dans le Perfan elles font confondues avec

d'autres lettres. ص différe peu de س, comme

صدر Saddar *nom d'un livre Persan*; et ط a presque le même son que ت, comme عطر ôtr *essence*;
mot, dont depuis leur commerce dans l'Inde, les
Anglois se servent pour désigner le parfum précieux qu'ils appellent *otter of roses*. Le mot est
Arabe, comme les lettres ع et ط le prouve suf-
fisamment.   ض et ظ diffèrent très peu de ز;
mais sont prononcées plus fortement; on peut les
exprimer par zz, comme نظامی Nezzámi *nom
d'un poëte*, خضر Khezzar *nom d'un prophète dans
les romans orientaux.*

<h2 style="text-align:center">ع et غ</h2>

Ces deux lettres sont extrémement dures dans
la prononciation des Arabes.   Le son de ع dit
Meninski, *est vox vituli matrem vocantis*; mais en
Persan c'est une sorte de voïelle qui répond en général à notre *a*, comme عرب Arab *les Arabes,*
عین âin *une fontaine*. Quelque fois cette lettre a
un son approchant de celui de l'*o*, comme dans le
mot عطر *parfum*. Par rapport au غ il est communément prononcé en Perse comme notre *g* devant *o*, comme غلام golâm *un garçon, un valet.*

ف

ف a le son d'une *f*, comme فال fál *un présage.*

ق et ک

ق autre dure lettre en Arabe, mais les Persans la confondent souvent avec ک qui a le son du *k*, comme کرمان Kermán *la province de Carmanie*; قاف Káf *montagne fabuleuse dont il est fait mention dans les contes orientaux.*

ک

Quand ک a trois points au dessus, les Persans lui donnent le son du *g* dans le mot *gai*, comme, کلستان gulistán *un jardin de roses*; mais ces points sont très rarement marqués dans les manuscrits Persans; ainsi la distinction entre ک *k* et ک *g* ne peut être connûe que par l'usage : ils écrivent souvent کلاب *eau-rose*, et prononcent guláb.

ن م ل

Voïez la remarque sur ر. Ces lettres sont les liquides *l*, *m*, *n*, *r*.

ه

ه est une légere aspiration, laquelle est souvent superflue, comme بهار behár *le printems*, qui est

B

prononcé presque comme beár; هرات Herát *une ville dans la province de Corassan,* que les Grecs nomment Aria: ه est donc comme l'*h* en François dans les mots *homme, honnête.* A la fin d'un mot cette lettre fréquemment sonne comme une voïelle, comme که ke, lequel a le même son et la même signification que le *che* Italien.

DES VOIELLES.

Les voïelles longues sont ا و ي et on peut les prononcer comme *á, ó, é* dans les mots *blâme, ecóle, fils,* comme خان khán *un seigneur,* اورا órá *à lui,* نيز níz *aussi;* mais les voïelles courtes sont exprimées par de petites marques, deux desquelles sont placées au dessus de la lettre, et une au dessous, comme بَ bă ou bĕ, بِ bĕ ou bĭ, بُ bŏ ou bŭ; ainsi,

اَشكُرَ اَن تُرك شيرازي بَدَست اَرَد دِل مارا

بَخال هِنَدويش بَخشُم سَرقَند وَ بَخارارا

Egher án turki Schírází bedest áred dili márá
Bekháli hindúísch bakschem Samarcand ou Bokhárárá.

La marque ˘ placée sur une consonne indique que la syllabe finit avec elle, comme سمرقندی Sa-mar-can-di *un natif de Samarcand*; la premiere des quelles syllabes est courte, la seconde et la troisieme longues par position, et la derniére longue par elle-même; mais ceci appartient à la profodie. Ces voïelles courtes sont très rarement écrites dans les livres Persans; et les autres marques orthographiques y sont egalement supprimées, excepté Medda ~, Hamza ء, et Teschdíd ّ; les deux premieres desquelles sont les plus communes.

Medda sur un ا lui donne un son fort ouvert, comme آن *an*: Hamza suplée la place du ی dans les mots qui finissent en ه; et représente donc quelques fois l'article, comme نامهٔ námeï *un livre*, ou dénote le prémier de deux substantifs, comme نافهٔ مشک náfeï muschk *un nombril* ou *vessie de musc*; ou enfin, il marque la seconde personne du singulier dans la préterit composé d'un verbe, comme دادهٔ dádeï, qui, réguliérement, devroit être دادهای dádeh i *tu as donné*. Teschdíd montre qu'une consonne est doublée, comme طرّه turreh *une boucle de cheveux*.

L'omiffion des voïelles courtes embarraffera le commençant; parceque plufieurs mots, quoique compofés des mêmes confonnes, ont différens fens felon la différence des voïelles omifes: mais jufqu'à ce qu'il ait appris d'un natif l'exacte prononciation de chaque mot, il peut donner à chaque voïelle courte une forte de fon obfcur approchant de notre *e* muet, s'il pouvoit être placé et prononcé comme tel devant une confonne.

Vau و et Ya ي font fouvent emploïés comme confonnes, comme *v* et *y*; ainfi, وان Ván *une ville en Armenie*; جوان dgiuván *juvenis, jeune*; يمن Yemen, cette province d'Arabie que nous appellons *l'heureufe*; خداایار Khodáyár, nom propre fignifiant *l'ami de Dieu.* و devant ا n'a fouvent point de fon, comme خوان khán *une table.*

Je ne confeillerois pas à l'écolier d'étudier les parties du difcours jufqu'à ce qu'il pût lire les caracteres Perfans un peu couramment; ce qu'il fera bientôt capable de faire s'il emploïe quelques heures à écrire une page ou deux de Perfan en caracteres François, et à les remettre quelque tems après en Perfan par le fecours de l'alphabet.

Je terminerai cette section par une piece de
poësie Persanne écrite en lettres Asiatiques et Européennes : c'est une ode du poëte Hafez, dont le
prémier distique a été déja cité (p. 10.); et de
laquelle nous donnerons en son lieu une traduction.

بده ساقي مي باقي كه در جنّت نخواهي يافت
كنار آب ركناباد وكلگشت مصلّارا

Bedéh sákí meï bákí ke der gennet nekháhí yáft,
Kunári ābi rucnábád va gulghefchti mufellárá.

فغان كين لوليان شوخ شيرينكار شهرآشوب
چنان بردند صبر از دل كه تركان خوان يغمارا

Fugán keïn lúlíán fchókhi fchíríngári fchehrāfchób
Tchunán berdendi fabr áz dil ke turkán kháni yagmárá.

ز عشق ناتمام ما جمال يار مستغنيست
بآب و رنگ و خال و خطّ چه حاجت روي زيبارا

Ze êfchki nátemámi má gemáli yári muftaguíft
Beāb ou reng ou khál ou khatt tche hádget rúyí zíbárá.

حديث از مطرب او مي كو وراز دهر كمتر جو
كه كس نكشود و نكشايد بحكمت اين معمّارا

Hadís áz mutrebú meí gú várázi dehri kemter dgú
Ke kes nekíchúd ou nekícháïed behikmet éin môammárá.

من از آن حسن روزافزون كه يوسف داشت دانستم
كه عشق از پردهٔ عصمت برون ارد زليخارا

Men áz ān hufni rouzáfzoun ke yoúfuf dáfchti dánéftem
Ke êfchk áz perdéï ífmet beroun áred zuleikhárá.

نصيحت گوش كن جانا كه از جان دوستتر دارند
جوانان سعادتمند پند پير دانارا

Nasíhet gófchi kun giáná ke áz gián dóftiter dárend
Giuvánáni fââdetmendi pendi píri dánárá.

بدم گفتي و خرسندم عفاك الله نكو گفتي
جواب تلخ ميزيبد لب لعل شكرخوارا

Bedem guftí va khurfendem âfák álla nekou guftí
Gíavábi telkhi mízeíbed lebi lâli fchekerkhárá.

غزل گفتي و در سفتي بيا و خوش بخوان حافظ
كه بر نظم تو افشاند فلك عقد ثريارا

Gazel guftí va durr fuftí bíá va khofch bukhán Háfez
Ke ber nazmi tou áfscháned felek îkdi furíárá.

Dans cet échantillon d'écriture Persanne le commençant remarquera quelques combinaisons de lettres, qu'il doit bien se garder d'oublier ; comme لا lamelif, composé de ل *l* et ا *a*, dans le mot مصلا mosellá : mais les plus communes combinaisons de lettres sont formées avec ح ج چ خ qui ont la propriété singuliere de faire, que toutes les lettres qui les précédent s'élevent au dessus de la ligne, comme بخارا bokhárá, نخچیر nakh-tchír, تصحیح tas-híh. Les lettres qui précédent م *m* sont aussi quelques fois élevées.

Les caracteres Arabes, ainsi que ceux des Euro-péens, sont écrits dans plusieurs différentes écritures ; mais les plus communes d'entre elles sont la نسخی Niskhí, la تعلیق Tâlik ou *pendante*, et la شکسته Schekesteh ou *rompue*. Nos livres sont imprimés dans l'écriture Niskhí, et tous les manuscrits Arabes, aussi bien que la plûpart des histoires Persannes et Turques sont dans la même écriture ; mais les Persans écrivent leurs ouvrages de poësies dans la Tâlik, laquelle répond à nos plus élégantes lettres Italiques. Quant à la Schekesteh elle est irreguliere et peu élégante, et n'est prefque emploïée que par les Indiens oififs, lefquels ne veulent pas fe donner la peine de former leurs lettres, ou même d'y inférer les points diacritiques; cependant, toute difficile et barbare qu'eft cette écriture, comme c'eft celle dont les princes des Indes fe fervent dans leurs lettres, elle doit être apprife par tous ceux qui ont des affaires à traiter dans ce païs. On trouvera gravé à la fin de cette grammaire un exemple de chacune de ces écritures.

DES NOMS,

ET PRÉMIEREMENT DES GENRES.

Le lecteur s'appercevra bientôt que la langue Perfanne a une noble fimplicité dans fa forme et conftruction; qu'elle n'a point de différence dans la terminaifon pour marquer le genre, foit dans les fubftantifs, foit dans les adjectifs; que tous les êtres inanimés y font neutres : et que les animaux de différens fexes ont, ou des noms différens, comme پسر peffer *un garçon*, کنیز keníz *une fille*, ou font diftingués par les mots زر ner *male*, et

ماده mádeh *femelle*, comme شیر نر fchíri ner *un lion*, شیر ماده fchíri mádeh *une lionne*.

Quelques fois, à la verité, un mot eft rendû feminin, après la manière des Arabes, en y ajoutant ه, comme معشوق mâfchouk *un ami, amicus*, معشوقه mâfchouka *une maîtreſſe, amica*, comme dans ce vers :

كل در بر ومي بر كف و معشوقه بكامست

Mon fein et rempli de fleurs, je tiens une coupe de vin, et ma maîtreſſe fe rend à mes defirs.

mais en général, quand les Perfans adoptent un nom Arabe du genre feminin, ils le font neutre, et changent la finale ه en ت ainfi نعمة nimet *un bienfait* eft écrit نعمت et prefque tous les noms Perfans finiſſant en ت lefquels font très nombreux, font empruntés des Arabes.

DES CAS.

Les ſubſtantifs Perſans n'ont qu'une variation de cas, laquelle eſt formée en ajoutant la ſyllabe را au nominatif des dèux nombres; et ſouvent répond au datif, mais en général à l'accuſatif dans d'autres langues; comme,

Nominatif, پسر peſſer *un enfant.*

Datif et Accuſatif; } پسررا peſſerrá *à un enfant* ou *l'enfant.*

Quand l'accuſatif eſt emploïé indéfinitivement, la ſyllabe را eſt omiſe, comme گل چیدن gul tchíden *cüeillir une fleur,* c'eſt à dire, *quelque fleur que ce ſoit;* mais quand le nom eſt défini ou limité, cette ſyllabe y eſt ajoutée, comme گلرا چید gulrá tchíd *il cüeillit la fleur,* c'eſt à dire, *une fleur particuliere.* Il n'y a point de cas genitif en Perſan; mais quand deux ſubſtantifs de ſens différent ſe trouvent enſemble, un keſra (ِ) ou *i* court eſt ajouté en liſant au prémier ſubſtantif, et le dernier démeure ſans alteration, comme مشک ختن *le muſc de Tartarie,* qu'on doit lire, muſchki Khoten.

La même régle doit être, obſervée avant un pronom poſſeſſif, comme پسر من peſſeri men *mon
enfant*; et avant un adjectif, comme شمشير تابناك
ſchemſchíri tábnák *un reluiſant cymeterre.* Si le
prémier mot finit en ا ou و la lettre ي y eſt atta-
chée, comme پاشا páſchá *un bacha,* پاشاي موصل
páſchái Mouſel *le bacha de Mouſſel,* ميوها mívahá
des fruits, ميوهاي شيرين mívahái ſhírín *des
fruits doux.* Si les noms finiſſant en ه ſe trouvent avant d'autres noms ou adjectifs, la marque
Hamza ء y eſt ajoutée, comme چشمهٔ حيوان
tcheſhméï heyván *la fontaine de vie.*

Les autres cas ſont pour la pluſpart exprimés
comme dans notre langue, par des particules placées avant le nominatif, comme

Vocatif, اي پسر ái peſſer *O enfant.*
Ablatif, از پسر áz peſſer *d'un enfant.*

Les poëtes, à la vérité, forment ſouvent le vocatif en ajoutant ا au nominatif, comme ساقيا
ſákíá *O échanſon,* شاها ſcháhá *O roi;* ainſi Sadi
ſe ſert de بلبلا bulbulá comme le vocatif de بلبل
bulbul *un roſſignol,*

C 2

بلبلا مژدهٔ بهار بیار

خبر بد بیوم باز بگذار

Anonce-nous, ô rossignol, l'arrivée du printems ; laisse au hybou les fâcheuses nouvelles.

Dans quelques anciens ouvrages la particule مر mer est mise devant l'accusatif ; comme مر اورا مر didem *je le vis* ; mais ceci est regardé comme hors d'usage ou inélégant, et rarement emploïés par les écrivains modernes.

Le lecteur qui est accoutumé aux inflexions des langues Européennes, se plaira peut-être à trouver ici un exemple des noms Persans, en la maniere qu'ils répondent aux cas en Latin ;

كل gul *une rose* ou *une fleur*, rosa.

	Singulier.		Pluriel.	
Nom.	كل *une rose*, rosa.		كلها *des roses*, rosæ.	
Gen.	كل *d'une rose*, rosæ.		كلها *de roses*, rosarum.	
Dat.	كلرا *à une rose*, rosæ.		كلهارا *aux roses*, rosis.	
Acc.	كلرا *la rose*, rosam.		كلهارا *les roses*, rosas.	
Voc.	اي كل	*O rose*,	اي كلها	*O roses*,
Poet.	كلا	ô rosa.	كلها	ô rosæ.
Abl.	ازكل *d'une rose*, rosâ.		ازكلها *des roses*, rosis.	

بلبل bulbul *un rossignol.*

Singulier.

Nom. et Gen.   بلبل   *un rossignol.*

Dat. et Acc.   بلبلرا   *à un rossignol.*

Voc. اي بلبل   (Poet. بلبلا) *O rossignol !*

Abl.   از بلبل   *d'un rossignol.*

Pluriel.

Nom. et Gen.   بلبلان   *rossignols.*

Dat. et Acc.   بلبلانرا   *aux rossignols.*

Voc. اي بلبلان   *O rossignols !*

Abl.   از بلبلان   *des rossignols.*

ساقي بيار باده كه آمد زمان گل
تا بشكنيم توبه دكر در ميان گل
حافظ وصال گل طلبي همچو بلبلان
جان كن فداي خاك ره باغبان گل

Garçon, apporte du vin, car la saison des roses approche ; afin qu'entourés des roses nous rompions de nouveau nos vœux de repentance. O Hafez, tu desires, ainsi que les rossignols, la présence de la rose ; ton ame doit être la rançon de la terre où marche le gardien du jardin de roses !

C'eft ainfi que je citerai de tems en tems quelques vers Perfans, comme des exemples des principales régles de cette grammaire : de telles citations mettront une variété agréable dans un fujet naturellement ftérile et infipide, feront autant d'échantillons du ftile oriental, et aideront à la mémoire plus que la profe.

DE L'ARTICLE.

Notre article *un* eft fupléé dans le Perfan par l'addition de la lettre ي à un nom, laquelle le reftraint au nombre fingulier ; comme كلي guli *une feule rofe.*

رفتم بياغ خدمي تا چينم كلي

آمد بكوش ناكهم آواز بلبلي

Un matin j'allai dans le jardin pour cuëillir *une* rofe, quand foudainement la voix d'*un* roffignol frappa mon oreille.

Sans cette terminaifon كل gul fignifieroit *rofes* ou *fleurs* collectivement, comme

مي خواه و كل فشان كن

Fais apporter du vin, et feme des fleurs autour de
nous.

Quand un nom finit en ه l'idée de l'unité eft
exprimée par la marque Hamza, comme چشمۀ
tchefchméï *une feule fontaine*.

____

DES NOMBRES.

On a vû par deux exemples d'une fection précédente, que le pluriel du Perfan eft formé en
ajoutant ان ou ها au fingulier; mais ces termi-
naifons ne font pas, comme en plufieurs langues,
entiérement arbitraires; au contraire elles font re-
glées avec la plus grande précifion. Les noms des
animaux forment leur pluriel en ان, comme

Singulier.   Pluriel.

كرك gurk *un loup*.   كركان gurkán *loups*.
پلنك pelenk *un tygre*.   پلنكان pelenkán *tygres*.

mais les mots pour ce qui eft fans vie ont leur pluriels par l'addition de la fyllabe ها, comme

Singulier.   Pluriel.

بال bál *une aîle.*   بالها bálhá *aîles.*

ساحل fáhil *un rivage.*   ساحلها fáhilhá *rivages.*

Ces deux pluriels fe trouvent dans l'élégant diftique fuivant ;

شب تاريك وبيم موج وكردابي چنين هايل

كجا دانند حال ما سبكباران ساحلها

La nuit eft obfcure ; la crainte des vagues nous
accable, et le gouffre eft terrible ! Comment
*ceux qui fur les rivages ne portent que de far-
deaux legers* connoitroient-ils la mifere de notre
fituation ?

Il y a néanmoins un petit nombre d'exceptions
à ces régles : les noms perfonels ont quelques fois
leur pluriel en ها auffi bien que en ان, comme
شتر fchutur *un chameau,* شترها fchuturhá et
شتران fchuturán *chameaux* ; et d'un autre coté
les noms des chofes ont quelques fois leurs pluriels en ان, comme لب leb *une levre,* لبان lebán
levres.

Les noms des animaux finissant en ا ou و forment leurs pluriels en یان, comme دانا dáná *un savant homme*, دانایان dánáyán *des hommes savans*; et ceux qui finissent en ه deviennent pluriels en changeant la derniere lettre en گان comme بچه petché *un enfant*, بچگان petchegán *des enfans*; et quelque fois en ajoutant گان comme une syllabe séparée; ainsi, فرشته feriſhté *un ange*, فرشته گان feriſhté gán *des anges*.

Si le nom d'une chofe finit en ه, la lettre finale est abforbée dans le pluriel avant la syllabe ها, comme خانه kháné *une maiſon*, خانها khánhá *des maiſons*.

Dans des modernes ouvrages Perfans, comme dans la Vie de Nader Schah et autres, le pluriel finit fouvent en ات ou en جات quand le fingulier a un ش ou ه final, comme

Singulier, نوازش núvázifch *une faveur*.
Pluriel, نوازشات núvázifchát *faveurs*.
Singulier, قلعه kalâh' *un chateau*.
Pluriel, قلعجات kalâgiát *chateaux*.

mais ceci doit être regardé comme barbare, et prouve que les derniers troubles qui ont ruiné

D

l'empire des Perſes, ont commencé à détruire la belle ſimplicité de leur langue.

On ne doit point omettre que les ſubſtantifs Arabes ont ſouvent deux ſortes de pluriels, un formé ſelon l'analogie des noms Perſans, et un autre d'après la maniere irréguliere des Arabes; comme عيب âíb *un vice*, عيبها âíbhá et عوايب âváíb *les vices* ; قلعه kalâh *un chateau*, قلعها kalâhá et قلاع káláâ *des chateaux* ; نايب náyib *un viceroi*, plur. نواب naváb, ce que les Anglois ont pris mal à propos pour le nombre ſingulier, et diſent *a nabob*. Ces raiſons choiſies parmi un grand nombre d'autres doivent prouver l'impoſſibilité d'apprendre la langue Perſanne entiérement ſans une certaine connoiſſance de l'Arabe ; et ſi l'écolier ſuit mon avis, il parcourra avec attention la grammaire Arabe d'Erpenius * avant que d'entreprendre la traduction des manuſcrits Perſans.

---

* Il y a deux belles éditions de cette grammaire, la prémiere publiée par le ſavant Golius, et la ſeconde par Albert Schultens ; à laquelle chacun de ces ſavans ont ajouté pluſieurs odes et élégies Arabes, qu'ils ont expliquées par d'excellentes notes : mais ces éditions ſont très rares, et Meninſki a inſeré dans ſa grammaire la ſubſtance de celle d'Erpenius, avec un grand nombre de nouvelles remarques.

DES ADJECTIFS.

Les adjectifs Perfans n'admettent de variation, que dans les degrès de comparaifon. Le pofitif devient comparatif en y ajoutant تر, et le fuperlatif en y ajoutant ترين, comme

Pofitif, خوب khúb *belle.*
Compar. خوبتر khúbter *plus belle.*
Superl. خوبترين khúbterín *très belle.*

Le *que* après un comparatif eft rendû par la prépofition از, comme

بياض روي تو روشنتر از رخ روز
سواد زلف تو تاريكتر از ظلمت داج

L'éclat de ton vifage eft plus fplendide que la joüe du jour, la noirceur de tes cheveux eft plus obfcure que la couleur de la nuit.

ماه نيكوست ولي روي تو زيباتر از وست
سرو دلجوست ولي قد تو دلجوتر ازوست

La lune eft brillante, mais ta face eft plus bríl-

lante qu'elle ; le cyprès eſt agréable, mais ta
forme eſt plus agréable que le cyprès,

Quelque fois un adjectif ſert de ſubſtantif, et
forme ſon pluriel comme un nom, comme حكيمان
hhakímán *les ſages* ; ſi c'eſt un adjectif-compoſé
les ſyllabes ان et را dénotant le nombre pluriel
et le cas oblique y ſont placées à la fin, comme

Sing. صاحبدل ſáhhibdíl *un honnête homme.*
Oblique, صاحبدلرا ſáhhibdílrá.
Pluriel, صاحبدلان ſáhhibdílán.
Oblique, صاحبدلانرا ſáhhibdílánrá.

فرو مانند پري رويان زآن عارض
خجل كشتند سمن بويان زآن كاكل

Les jeunes filles au viſage d'anges ſont confondues
à l'aſpect de cette joüe ; les nimphes à l'odeur
du jaſmin ſont pleines d'envie en voïant ces
boucles des cheveux.

D E S   P R O N O M S.

Les pronoms personnels font les fuivants :

من men *je.*

Sing. من men *je.*   Oblique, مرا merá *moi.*
Plur. ما má *nous.*   مارا márá *nous.*

تو tó *tu.*

Sing. تو tó *tu.*   Obl. ترا turá *te, toi.*
Plur. شما fchumá *vous.*   شمارا fchumárá *vous.*

او ó *il.*

Sing. او ó *il, elle.*   Obl. اورا órá *lui, elle.*
Plur. ایشان īfchán *ils.*   ایشانرا īfchánrá *eux.*

Les poëtes fe fervent fouvent de شان pour ایشان comme

هميرفتم و كوفتم مغز شان
تهي كردم ازْ پيكر نغزْ شان

J'allai, je brifai leurs cafques ; fe défigurai leurs beaux vifages.

Après une préposition او est souvent changé en

اوي ou و ou وي comme

چون شاه جهاندار بنمود روي
زمينرا ببوسيد و شد پيش اوي

Quand le roi du monde montra sa face, le général baisa la terre, et s'approcha de lui. *Ferdusi.*

Quelque fois après la préposition ب *en*, la lettre د est inferée pour prévenir le hiatus, comme بدو bedou pour باو beou *en lui*; le même peut être observé de بدان bedán pour بآن beān *en cela,* بدين bedín pour باين báin *en ceci* *.

Les possessifs font de même que les personnels, et on les distingue parce qu'ils font ajoutés à leurs substantifs, comme

Sing.   دل من dili men *mon cœur.*

دل تو dili tó *ton cœur.*

دل او or وي dili ó *son cœur.*

* En la même maniere et par le même motif les anciens Romains ajoutoient un *d* à plusieurs mots suivis d'une voïelle; ainsi Horace, si nous en croïons Muretus, se servoit de *tibid* pour *tibi,*

Omnem crede diem *tibid* illuxisse supremum.

Plur.   دلهاي ما dilháí má *nos cœurs.*

دلهاي شما dilháí fchumá *vos cœurs.*

Poet. تان

دلهاي ايشان dilháí ífchán *leurs cœurs.*

Poet. شان

Ils font fouvent exprimés au fingulier par ces lettres finales م ت et ش et après un ا ou ه par ام
ات et اش : mais après les noms finiffans en ا ou
و la lettre ي eft inferée avant la finale ش ت م
comme

دلم dilem *mon cœur.*

دلت dilet *ton cœur.*

دلش dilefch *fon cœur.*

جامهٔ ام giámeï ám *ma robe.*

جامهٔ ات giámeï át *ta robe.*

جامهٔ اش giámeï áfch *fa robe.*

مویم moúím *mes cheveux.*

مویت moúít *tes cheveux.*

مویش moúífch *fes cheveux.*

En poëfie, et quelque fois en profe, le cas oblique
des pronoms perfonels eft auffi exprimé par ت م
et ش comme

خوشا شيراز و وضع بي مثالش
خداونداا نكهدار از زوالش

Joïe à Schiraz et à ſes charmans entours ! O ciel,
préſerve *le* de ruine !

Ces cas obliques ſont joints dans une ſentence à
quelque mot que ce ſoit, ſelon le gré du poëte ;
ainſi dans le vers que nous venons de citer le pronom ش *le* eſt ajouté à زوال de même dans le
diſtique ſuivant, ت le datif de تو *toi*, eſt placé
après la conjunction گر *ſi*,

يمي سجاده رنگين كن كرت پير مغان گويد
كه سالك بيخبر نبود زراه ورسم منزلها

Colore de vin ce tapis ſacré, ſi le maître de la fête
te l'ordonne ; car celui qui voïage n'ignore ni les
uſages ni les manieres des maiſons des feſtins.

Nos pronoms réciproques *moi-même* ou *nous-
mêmes* ſont exprimés par les mots ſuivans, qui ſont
applicables à toutes les perſonnes et genres ;

Nom. خويش ou خويش   Oblique, خودرا
خويشتن ou خويشتن   خويشتن را
خوي ou

ainſi nous pouvons emploïer

خود من *moi-même.*   خود ما *nous-mêmes.*

خود تو *toi-même.*   خود شما *vous-mêmes.*

خود او *lui-même* ou   خود ايشان *eux* ou

    elle-même.   *elles-mêmes.*

خود eſt auſſi joint comme le Latin *ipſe* à chaque

perſonne du verbe, comme

Singulier.   Pluriel.

خود آمدم *ipſe veni.*   خود آمديم *ipſi venimus.*

خود آمدي *ipſe veniſti.*   خود آمديد *ipſi veniſtis.*

خود آمد *ipſe venit.*   خود آمدند *ipſi venerunt.*

Le mot خود paroit ſuperflû dans les ſuivantes

lignes de l'élégant Sadi,

داني چه گفت مرا آن بلبل سحري

تو خود چه آدمي كز عشق بيخبري

Sais-tu ce que le matineux roſſignol me dit ? Quel

   homme es-tu, dit-il, qui peus ignorer ce que

   c'eſt que l'amour ?

Quand خود eſt emploïé comme pronom poſſeſ-

ſif, il répond au Grec σφέτερ☉, et ſignifie *mon,*

E

ton, *nôtre*, *vôtre*, *son* ou *sa*, et *leur*, fuivant la
perfonne et le nombre du principal verbe de la fentence ; fur quoi j'emprunterai ici (faute de mieux)
l'exemple cité par De Dieu :

از کار خود خجل یافتم

Je fus honteux de *mon* action.

از سخن خود خجل یافت

Il fut honteux de *fes* paroles.

Les pronoms démonftratifs font les fuivans :

این *ce.*

Sing. این *ceci.*   Obliques cas, اینرا
Plur. اینان *ces.*   اینانرا
ou اینها   ou اینهارا

آن *cela.*

Sing. آن *celui là.*   Obliq. cas, آنرا
Plur. آنان *ceux là.*   آنانرا
ou آنها   ou آنهارا

Quand این eft placé avant le nom, de maniere
à former un mot, il eft fouvent changé en ام
comme امشب *cette nuit* ;

تعالي الله چه دولت دارم امشب
كه آمد ناكهان دلدارم امشب

Ciel! combien grand eſt mon bonheur cette nuit!
puiſque cette nuit ma bien-aimée eſt arrivée
fans être attendûe!

et امروز *ce jour;*

روز عيش وطرب وعيد صيامست امروز
كام دل حاصل وايام بكامست امروز

Ce jour eſt le jour des plaiſirs et de la joïe; c'eſt
la fête du printems: ce jour mon cœur obtient
ſes deſirs, et la fortune lui eſt favorable.

Les relatifs et les interrogatifs ſont ſuppléés par
les pronoms invariables كه et چه dont le prémier eſt ordinairement relatif aux perſonnes, et
le ſecond aux choſes: dans le cas oblique de ces
pronoms la finale eſt abſorbée avant la ſyllabe را
comme

Nom. كه *qui.*   Oblique, كرا
چه *lequel.*   چرا

كي et چي font interrogatifs, et font très fouvent joints au verbe است comme كيست *qui eft-ce?* چيست *qu'eft-ce?*

يارب آن شاهوش ماهرخ زهره جبين
در يكتاي كه وكوهر يكدانه كيست

O ciel! quelle perle précieufe et quel joïau ineftimable eft cette fille roïale, dont la joüe reffemble à la lune, et le front à celui de Venus?

كدام eft auffi un pronom interrogatif, comme

ميخواره وسركشته ورنديم ونظرباز
وانكس كه چنين نيست در اين شهر كدامست

Nous fommes paffionés du vin, lafcifs, libertins, nos yeux errent de tous cotés; mais *qui* dans la ville n'a pas les mêmes vices?

Notre *ce foit* eft exprimé en Perfan par هر ou هران mis devant les relatifs, comme

هرانكه et هركه *qui que ce foit.*
هرانچه et هرچه *quel que ce foit.*

D E S   V E R B E S.

Les Perfans ont des verbes actifs et des verbes neutres, comme les autres nations ; mais plufieurs de leurs verbes font à la fois actifs et neutres ; ce qui ne peut être déterminé que par la conftruction. Ces verbes n'ont proprement qu'une conjugaifon, et feulement trois changemens de tems ; l'impératif, l'aorifte, et le prétérit ; tous les autres tems font formés à l'aide des particules می et همی ou des verbes auxiliaires هستن ou بودن *être*, et خواستن *vouloir*. Le paffif eft formé en ajoutant les tems du verbe fubftantif شدن au participe prétérit de l'actif ; comme خوانده شد *il fut lû*. Les inflexions de ces auxiliaires font ici exhibées, elles doivent être apprifes par cœur, comme devant être très utiles pour former les tems compofés des verbes actifs.

بودن *être.*

Le tems préfent de ce verbe eft irrégulier, quoique très aifé, et il doit être retenu avec foin,

comme étant un modéle pour la variation de personne dans tous les tems.

Mode Indicatif, Tems Présent.

Sing. ام je suis.   Plur. ايم nous sommes.
اي tu es.   ايد vous êtes.
است il est.   اند ils sont.

Ce tems joint au noms, pronoms, ou adjectifs
s'incorpore souvent avec eux, et perd l'initial elif;
ainsi avec les pronoms.

Sing. منم ego sum.   Plur. مايم nos sumus.
توبي tu es.   شبايد vos estis.
اوست ille est.   ايشانند illi sunt.

Avec les adjectifs,

     Sing.   Plur.

شادم je suis joïeux.   شاديم nous sommes joïeux.
شادي tu es joïeux.   شاديد vous êtes joïeux.
شادست il est joïeux.   شادند ils sont joïeux.

Les négatifs sont formées en mettant devant نه
ou ن comme نه ام je ne suis pas, &c. mais
نه est communément écrit نيست il n'y a
point, comme

راهیست راه عشق که هیچش کناره نیست

آنجا جز آنکه جان بسپارند چاره نیست

Le fentier de l'amour eft un fentier auquel il n'y
a point de fin, et dans lequel il n'y a de ref-
fource pour les amans que celle de livrer leurs
ames. *Hafez.*

Second Préfent du verbe défectif هستن *être.*

Sing.	Plur.
هستم *je fuis.*	هستيم *nous fommes.*
هستی *tu es.*	هستيد *vous êtes.*
هست *il eft.*	هستند *ils font.*

Prétérit.

بودم *je fus.*	بوديم *nous fumes.*
بودی *tu fus.*	بوديد *vous futes.*
بود *il fut.*	بودند *ils furent.*

Prétérit imparfait.

می بودم   می بودی   می بود   &c.

Compound Prétérit.

ام بوده او *j'ai été.*	بوده ايم *nous avons été.*
اي بوده او *ou tu as été.*	بوده ايد *vous avez été.*
است بوده *il a été.*	بوده اند *ils ont été.*

Prétérit plus que parfait.

Sing.	Plur.
بوده شدم *j'avois été.*	بوده شديم *nous avions été.*
بوده شدي *tu avois été.*	بوده شديد *vous aviez été.*
بوده شد *il avoit été.*	بوده شدند *ils avoient été.*

Futur.

خواهم بود *je serai.*	خواهيم بود *nous serons.*
خواهي بود *tu seras.*	خواهيد بود *vous serez.*
خواهد بود *il sera.*	خواهند بود *ils seront.*

Impératif.

	باشيم *soïons.*
باش ou بو *fois.*	باشيد *soïez.*
باشد ou بان *qu'il soit.*	باشند *qu'il soïent.*

Subjonctif ou Aoriste.

باشم ou بوم *que je sois.*	باشيم ou بويم *nous soïons.*
باشي ou بوي *tu sois.*	باشيد ou بويد *vous soïez.*
باشد ou بود *il soit.*	باشند ou بوند *ils soïent.*

Potential.

بودمي *je ferois.*	بوديمي *nous ferions.*
بودي *tu ferois.*	بوديدي *vous feriez.*
بودي *il feroit.*	بودندي *ils feroient.*

Subjonctif Futur.

Sing. بوده باشم *j'aurai été.*

بوده باشی *tu auras été.*

بوده باشد *il aura été.*

Plur. بوده باشیم *nous aurons été.*

بوده باشید *vous aurez été.*

بوده باشند *ils auront été.*

Infinitif.

Préfent, بودن par contraction بون *être.*

Prétérit, بوده شدن *avoir été.*

Participe.

باشا *étant.*   بوده *été.*

شدن *être,*

emploïé en formant le Paffif.

Préfent de l'Indicatif.

Sing.		Plur.	
می شوم	*je fuis.*	می شویم	*nous fommes.*
می شوی	*tu es.*	می شوید	*vous êtes.*
می شود	*il eft.*	می شوند	*ils font.*

Prétérit.

شدم	*je fus.*	شدیم	*nous fumes.*
شدی	*tu fus.*	شدید	*vous futes.*
شد	*il fut.*	شدند	*ils furent.*

F

Prétérit imparfait.

&c. مي شك   مي شدي   مي شدم

Prétérit composé.

Sing.   ام شده *j'ai été.*

      اي شده ou شده *tu as été.*

      است شده *il a été.*

Plur.   ايم شده *nous avons été.*

      ايد شده *vous avez été.*

      اند شده *ils ont été.*

Prétérit plus que parfait.

Sing.   بودم شده *j'avois été.*

      بودي شده *tu avois été.*

      بود شده *il avoit été.*

Plur.   بوديم شده *nous avions été.*

      بوديد شده *vous aviez été.*

      بودند شده *ils avoient été.*

Futur.

Sing.	Plur.
شد خواهم *je ferai.*	شد خواهيم *nous ferons.*
شد خواهي *tu feras.*	شد خواهيد *vous ferez.*
شد خواهد *il fera.*	شد خواهند *ils feront.*

Impératif.

Sing.　　　　　　　　　　　Plur.

شويم　foïons.

شو　fois.　　　　　　　　　شويد　foïez.

شود　qu'il foit.　　　　　شوند　qu'ils foient

Subjonctif ou Aorifte.

شوم　que je fois.　　　　شويم　que nous foions.
شوي　que tu fois.　　　　شويد　que vous foïez.
شود　qu'il foit.　　　　　شوند　qu'ils foient.

Infinitif.

شدن　être.　　　　　بوده شده　avoir été.

Participe.

شوا　étant.　　　　　شده　aiant été.

خواهيدن ou خواستن　vouloir.

Aorifte,

emploïé en formant le Futur compofé des verbes.

خواهم　je veux.　　　　خواهيم　nous voulons.
خواهي　tu veux.　　　　خواهيد　vous voulez.
خواهد　il veut.　　　　خواهند　ils veulent.

Les autres tems font formés comme ceux des verbes
reguliers.

D E S　T E M S.

Il feroit utile d'exhiber ici une analyfe de tous les tems d'un verbe Perfan, et de faire voir en quelle maniere ils font déduits de l'infinitif, lequel eft avec raifon confideré par les grammairiens orientaux comme la fource et la fontaine de tous les modes et tems des verbes, et qui eft en conféquence appellé en Arabe مصدر mafdar ou *la fource.*

Tous les infinitifs reguliers finiffent en یدن comme رسیدن *arriver,* نالیدن *s'affliger,* ترسیدن *craindre.*

La troifieme perfonne du prétérit eft formée en rejettant ن de l'infinitif, comme رسید *il arriva,* نالید *il s'affligea,* ترسید *il craignit.*

شفتم مگر صبا زچمن رسید
یا کاروان مشک زراه ختن رسید

Je dis, eft-ce le zephir dont l'haleine s'exhale du jardin ? ou eft-ce une caravane de mufc venant de Khoten ?

La lettre ب mife devant ce tems eft fouvent fu-perflue, comme جامه‌را بیرد و برفت *il prit le manteau, et partit.*

Du prétérit eft formé le tems imparfait en faifant précéder les particules می ou همی comme همی رسید ou می‌رسید *il arrivoit.*

Dans la troifieme perfonne le tems imparfait eft quelque fois exprimé en ajoutant ی au prétérit, comme نالیدی *il s'affligeoit,* نالیدندی *ils s'affligeoient* ; cette forme eft très-commune en profe, comme

بطرب ونشاط مشغول بودندی ونغبهٔ ترانه از
زبان چنك وچغانه استماع نمودندی

Ils fe plongeoient dans les plaifirs et les délices, ils étoient conftamment attentifs à la mélodie du luth et de la cymbale.

La même lettre ی ajoutée à la prémiere et troifieme perfonne du tems paffé forme le mode potentiel, comme نالیدمی *je m'affligerois,* نالیدیمی *nous nous affligerions.* Ainfi Ferdufi, dans une chanfon amoureufe,

شبی در برت گر بر آسودمی
سر فخر بر آسمان سودمی

Si je pouvois dormir une nuit fur ton fein, je
croirois toucher le firmament de ma tête élévée.

et Hafez,

آن طرّه که هر جعدش صد نافهٔ چین ارزد
خوش بودي اگر بودي بويش از خوشخوي

Ces cheveux, dont chaque boucle vaut cent fachets
de mufc de la Chine, feroient vraiment *doux* à
fentir, fi leur odeur provenoit de la douceur du
caractere.

Le participe prétérit eft formé de l'infinitif en
changeant ن en ه comme رسيده *arrivé*, پاشيده
afpergé; de ce participe et des verbes auxiliaires
شدن et بودن ont fait plufieurs tems compofés,
et le paffif; comme پاشيده ام *j'ai afpergé*,
پاشيده باشم *j'avois afpergé*, پاشيده بودم *j'aurai afpergé*, پاشيده شدم *je fus afpergé*.

هم جان بدان دو نرکس جادو سپردهایم
هم دل بدان دو سنبل هندو نهاده ایم

Nous *avons* livré nos ames à ces deux agréables
narcisses (yeux) nous avons placé nos cœurs
fur ces deux hyacinthes (boucles de cheveux).

Les Perfans fe plaifent beaucoup à ce participe
prétérit ; et il eft fouvent emploïé par leurs écrivains élégans pour joindre les parties d'une fentence, et pour fufpendre le fens jufqu'à la fin d'une
longue période : on s'en fert quelque fois en poëfie
comme de la troifieme perfonne du prétérit d'un
verbe, comme dans ces deux beaux vers,

فروغ جام وقدح نور ماه پوشیده
عذار مغبچکان راه آفتاب زده

L'éclat de la coupe et du gobelet obfcurcit la clarté
de la lune ; les joües des jeunes échanfons déro-
bent au foleil fa fplendeur.

Dans l'ode de laquelle ces deux vers font pris,
chaque diftique finit par le mot زده pour زد *il
frappa.*

Dans la compofition l'infinitif eft refferré en rejettant ن comme خواهم شد *je ferai* ; ainfi
Hafez,

نغس باد صبا مشک فشان خواهد شد

عالم پیر دکر باره جوان خواهد شد

L'haleine du vent du couchant repandra bientôt le muſc autour de nous ; le vieux monde prendra ſa prémiere jeuneſſe.

Ce court infinitif eſt quelque fois emploié aprés les verbes imperſonels, comme توان کرد *il eſt poſſible de faire*, باید کرد *il eſt néceſſaire de faire* ; ainſi Hafez, l'Anacreon de Perſe,

بسعی خود نتوان برد کوهر مقصود

بخیال تست که این کار بیخواله برآید

Il eſt impoſſible d'obtenir le joïau de tes ſouhaits par tes ſeuls efforts ; c'eſt une idée vaine que de préſumer d'y parvenir ſans aſſiſtance.

et le poëte cité dans l'hiſtoire de Cazvini,

روزگار نامه کردار شباست

برآنجا کردار نیکو باید کباشت

La vie de l'homme eſt un journal, dans lequel il ne doit écrire que des bonnes actions.

L'impératif eſt réguliérement formé en otant de
de l'infinitif la terminaiſon یدن comme رس *ar-*
rive, de رسیدن *arriver*; la lettre ب eſt ſouvent miſe devant l'impératif, comme بکشو *dis*,
بترس *crains*. Ainſi Ferdouſi dans cette noble ſa-
tire contre un roi qui l'avoit négligé,

ایا شاه محمود کشورکشای
زمن گر نترسی بترس از خدای
خیزبدی چرا خاطر تیز من
نترسیدی از تیغ خون ریز من

O roi Mahmud, toi conquerant de tant de régions, ſi tu ne me crains pas, du moins *crains*
Dieu! Pourquoi as-tu enflâmé ma colere? mon
epée dégoutante de ſang ne t'allarme-t-elle pas?

Il faut obſerver ici, que les négatives نه et ن
ſont changées à l'impératif en مه et م comme
مپرس *ne demande pas?*

دزن عشقی کشیدهام که مپرس
زهر هجری چشیدهام که مپرس

J'ai éprouvé les peines de l'amour; *ne me demande*
pas pour qui: j'ai gouté du poiſon de l'abſence;
ne me demande pas de qui.

G

Avant les verbes qui commencent avec ا elif les
lettres ن م et ب font changées en مي ني et
بي comme avant آر on fe fert de بيار *apporte*,
ميار *n'apporte pas.*

ساقیا ساغر شراب بیار

یکدو ساغر شراب ناب بیار

Garçon, *apporte* une coupe de vin ; *apporte* quelques coupes de plus de vin pur.

شو شبع میارید در این جمع که امشب

در مجلس ما ماه رخ دوست تمامست

در مجلس ما عطر میامیز که جانرا

هر دم زسر زلف تو خوشبوی مشامست

Dis, *n'apporte point* de flambeaux dans notre af-
femblée, car cette nuit la lune de la joüe de
ma bien-aimée eft en fon plein ; *ne répands
point* de parfums de la falle du feftin, car nous
nous plaifons bien plus à l'odeur de tes cheveux.

Le participe paffé qu'on emploïe dans les epi-
thétes compofées eft exactement le même que
l'impératif, comme انكيز *excite*, عشرت انكيز
excitant la joïe ; افروز *enflâme*, زیبتی افروز *enflâ-*

mant le monde, Getiafrose, nom d'une fée dans les contes Persans traduits par le Major Dow.

Les participes du tems préfent font formés en ajoutant ان ا ou نده à l'impératif, comme رسان رسا et رسنده *arrivant*; ce dernier participe eft fouvent emploïé pour le nom d'un acteur, comme بازنده *un joüeur.*

C'eft auffi de l'impératif qu'on forme le conjonctif ou aorifte en y ajoutant l'ordinaire terminaifon perfonelle, comme de آي *viens*, آيم *que je puiſſe* ou *veuille venir.*

چو آفتاب مي از مشرق پياله برآيد
زباغ عارض ساقي هزار لاله برآيد

Quand le foleil de ce vin s'élévra de l'orient de cette coupe, mille tulipes naîtront dans le jardin de la joüe du jeune échanfon.

Par cette vive, quoique très affectée, allégorie, l'auteur entend feulement, que l'échanfon rougira en préfentant le vin aux convives.

Prefque toujours cette forme du verbe Perfan que les grammairiens appellent très-bien aorifte, ou tems indéfini, répond au mode potentiel des

autres langues, et est gouverné par les conjonctions comme le Latin : ceci sera exposé plus claire-
ment par l'exemple suivant tiré de la Vie de
Nader Chah :

بر دانایان رموز آگاهي ودقیقه یابان حکمتهاي
آلهي واضح است که در هر عهد واوان که
اوضاع جهان مختلف ویریشان وچرخ ستمکر
بکام ستمکیشان کردن خداوند یکانه که
مدبّر این کارخانه ومقلّب اوضاع زمانه است
از فیض بي منتهاي خود سعادتمندي را
موئد ودر عرصهٔ کیتي مبسوط الید کند که
بمراهم مراحم ورافت بالتیام جراحات قلوب
ستمدیدکان پردازد ومذاق تمناي تلخکامیان
زهر حوادث را بشهد عدالت شیرین سازد

Il est demontré à la judicieuse et intelligente
partie du genre humain, que, toutes les fois
que les affaires de ce monde sont plongées dans
la confusion, et que la fortune favorise les désirs de l'injuste, le grand moteur des événemens, dans l'effusion de son infinie merci, choisit quelque héros fortuné qu'il aide de son éter-

nelle faveur; et auquel il commande de guérir les bleſſures de l'affligé avec le baume de la bienveïllance, et d'adoucir le breuvage amer de leurs infortunes avec le miel de la juſtice.

dans cette période les mots کرد kerded, کند kuned, پرداز perdázed, et ساز ſázed, font des aoriſtes de کردیدن kerdíden, کردن kerden, پرداختن perdákhten, et ساختن ſákhten, gouvernés par la conjonction که que.

Le tems préſent eſt formé en mettant می ou همی devant l'aoriſte, comme میداﻧﻢ je ſais, میدانك tu ſais, میدانی il ſait;

اي باد صبا بكذر آنجا كه تو ميداني
واحوال دلم به كو پيدا كه تو ميداني

O doux zephir, paſſe par le lieu *que tu ſais,* et revéle les ſecrets de mon cœur *que tu ſais.*

زين خوش رقم كه بر كل ورخسار ميكشي
خطّ بر صحيفة كل كلزار ميكشي

Avec cette agréable nuance que *tu portes* ſur la roſe de ta jouë, *tu tires* une ligne ſur la ſurface de la roſe du jardin.

Les particules مي et همي font quelque fois
jointes au verbe, et quelque fois en font feparées,
felon le gré de celui qui écrit, comme

بعيش كوش كه تا چشم ميزني برهم

خزان همیرسد ونوبهار مي كذرد

Pourfuis vivement tes plaifirs, car tandis que tu
fermes tes yeux, l'automne s'approche, et la
fraiche faifon fe paffe.

La lettre ب mife devant l'aorifte le reftraint au
tems futur, comme برسم *j'arriverai*; ainfi Nakfchebi dans fon ouvrage nommé طوطي نامه ou
Les Fables d'un Perroquet, Nuit 35,

نخشبي جدّ وجهد بايد كرد

چونكه مردم بيبار خون برسد

هر كه در كارها كند جهدي

عاقبت بسر مراد خون برسد

O Nakfchebi, un homme qui defire jouïr de fa
bien-aimée doit être actif et diligent : quiconque
agit avec diligence dans fes affaires, *obtiendra* à
la fin l'objet de fes voeux.

Après avoir donné cette analife du verbe Perfan,
on ajoutera ici une table des modes et tems en
ce qu'ils répondent aux langues de l'Europe.

Verbe Actif, پرسیدن porsíden *demander*.

Mode Indicatif, 'Tems Préfent.

Sing.   Plur.

می پرسم *je demande*.   می پرسیم *nous demandons*.

می پرسی *tu demandes*.   می پرسید *vous demandez*.

می پرسد *il demande*.   می پرسند *ils demandent*.

Prétérit fimple.

پرسیدم *je demandai*.   پرسیدیم *nous demandames*.

پرسیدی *tu demandas*.   پرسیدید *vous demandates*.

پرسید *il demanda*.   پرسیدند *ils demanderent*.

Prétérit compofé.

Sing. پرسیده ام *j'ai demandé*.

پرسیده ای ou پرسیده *tu as demandé*.

پرسیده است ou پرسیده است *il a demandé*.

Plur. پرسیده ایم *nous avons demandé*.

پرسیده اید *vous avez demandé*.

پرسیده اند *ils ont demandé*.

Prétérit imparfait.

Sing. مي پرسيدم *je demandois.*
        مي پرسيدي *tu demandois.*
        مي پرسيد *il demandoit.*

Plur. مي پرسيديم *nous demandions.*
        مي پرسيديد *vous demandiez.*
        مي پرسيدند *ils demandoient.*

Prétérit plus que parfait.

Sing. پرسيده بودم *j'avois demandé.*
        پرسيده بودي *tu avois demandé.*
        پرسيده بود *il avoit demandé.*

Plur. پرسيده بوديم *nous avions demandé.*
        پرسيده بوديد *vous aviez demandé.*
        پرسيده بودند *ils avoient demandé.*

Prémier Futur.

Sing. بپرسم *je demanderai.*
        بپرسي *tu demanderas.*
        بپرسد *il demandera.*

Plur. بپرسيم *nous demanderons.*
        بپرسيد *vous demanderez.*
        بپرسند *ils demanderout.*

Second Futur.

Sing. خواهم پرسید *je veux demander.*

خواهی پرسید *tu veux demander.*

خواهد پرسید *il veut demander.*

Plur. خواهیم پرسید *nous voulons demander.*

خواهید پرسید *vous voulez demander.*

خواهند پرسید *ils veulent demander.*

Impératif.

Sing.   Plur.

پرسیم *demandons.*

پرس ou بپرس *demande.*   پرسید *demandez.*

پرسد *qu'il demande.*   پرسند *qu'ils demandent.*

Conjonctif ou Aoriste.

پرسم *que je demande.*   پرسیم *que nous demandions.*

پرسی *que tu demandes.* پرسید *que vous demandiez.*

پرسد *qu'il demande.*   پرسند *qu'ils demandent.*

Potentiel.

Sing. پرسیدمی *que je demandasse.*

پرسیدی *que tu demandasses.*

پرسیدی *qu'il demandât.*

Plur. پرسیدیمی *que nous demandassions.*

پرسیدیدی *que vous demandassiez.*

پرسیدندی *qu'ils demandassent.*

H

Futur composé.

Sing. پرسیده باشم *j'aurai demandé.*
پرسیده باشی *tu auras demandé.*
پرسیده باشد *il aura demandé.*

Plur. پرسیده باشیم *nous aurons demandé.*
پرسیده باشید *vous aurez demandé.*
پرسیده باشند *ils auront demandé.*

Infinitif.

Préfent, پرسیدن *demander*, contracté پرسید

Prétérit, پرسیده بودن *avoir demander.*

Participe.

Préfent, پرسنده et پرسان *demandant.*

Prétérit, پرسیده *demandant* ou *aïant demandé.*

P A S S I F.

Préfent Indicatif.

Sing. پرسیده می شوم *je fuis demandé.*
پرسیده می شوی *tu es demandé.*
پرسیده می شود *il eft demandé.*

Plur. پرسیده می شویم *nous fommes demandés.*
پرسیده می شوید *vous êtes demandés*
پرسیده می شوند *ils font demandés.*

Prétérit.

Sing. پرسیده شدم *je fus demandé.*

پرسیده شدی *tu fus demandé.*

پرسیده شد *il fut demandé.*

Plur. پرسیده شدیم *nous fumes demandés.*

پرسیده شدید *vous futes demandés.*

پرسیده شدند *ils furent demandés.*

Prétérit plus que parfait.

Sing. پرسیده شده بودم *j'avois été demandé.*

پرسیده شده بودی *tu avois été demandé.*

پرسیده شده بود *il avoit été demandé.*

Plur. پرسیده شده بودیم *nous avions été demandés.*

پرسیده شده بودید *vous aviez été demandés.*

پرسیده شده بودند *ils avoient été demandés.*

Aoriste.

Sing. پرسیده شوم *je puis être demandé.*

پرسیده شوی *tu peux être demandé.*

پرسیده شود *il peut être demandé.*

Plur. پرسیده شویم *nous pouvons être demandés.*

پرسیده شوید *vous pouvez être demandés.*

پرسیده شوند *ils peuvent être demandés.*

Second Futur.

Sing. پرسیده خواهم شد   *je serai demandé.*

پرسیده خواهی شد   *tu seras demandé.*

پرسیده خواهد شد   *il sera demandé.*

Plur. پرسیده خواهم شد   *nous serons demandés.*

پرسیده خواهید شد   *vous serez demandés.*

پرسیده خواهند شد   *ils seront demandés.*

Infinitif.

Présent, پرسیده شدن   *être demandé.*

Prétérit, پرسیده شده بودن   *avoir être demandé.*

Les verbes négatifs sont formés en mettant نه ou ن devant l'affirmatif dans tous les tems, comme

Sing. نمی دانم *je ne sais,* nescio.

نمی دانی *tu ne sais,* nescis.

نمی داند *il ne sait,* nescit.

Plur. نمی دانیم *nous ne savons,* nescimus.

نمی دانید *vous ne savez,* nescitis.

نمی دانند *ils ne savent,* nesciunt.

ندانم از چه سبب رنك آشنای نیست

سهی قدان سیه چشم ماه سیمارا

Je *ne fais* pourquoi ces belles filles, hautes comme
des Cyprès, qui ont des yeux noirs, et qui
brillent comme la lune, *n'ont pas* la couleur de
l'amour.

DES VERBES IRREGULIERS.

Dans l'ancienne langue de Perſe il y avoit peu
ou point d'irrégularité : l'impératif, qui ſouvent
eſt irrégulier dans le Perſan moderne, étoit alors
formé de l'infinitif en rejettant la terminaiſon
یدن ~~eeden~~ ; car originairement les infinitifs finiſ-
ſoient en دن den ; mais lorſque les Arabes in-
troduiſirent leurs dures conſonnes avant cette ſyllabe, ils obligerent les Perſans, qui s'étoient toujours piqués de douceur dans la prononciation, de
changer l'ancienne terminaiſon de quelques verbes
en تن ten, et par degrés les infinitifs originaux
furent hors d'uſage ; cependant ils retienent leurs
anciens impératifs et les aoriſtes qui en ſont
formés. Cette petite irrégularité eſt la ſeule ano-
molie de la langue Perſanne, qui ne laiſſe pas que
de ſurpaſſer en ſimplicité tout autre idiome, tant

ancien que moderne. Cette remarque fur les impératifs Perfans formés d'un verbe hors d'ufage
peut être utile à ceux qui font curieux des anciens
dialectes, puifqu'elle les mettra en état d'entendre
une grande partie du vieux Perfan ou Pehlevian
پهلوي lequel a la même relation au moderne
پارسي ou Perfique, que l'Icelandique au Da-
nois, et le Saxon à l'Anglois, et lequel, peut-
être, étoit celui qu'on parloit du tems de Xenophon. C'eft dans cette ancienne langue que
les fables de Bidpai ou Pilpai furent prémi-
erement traduites de l'Indien : mais tout ainfi
que nous avons rejetté l'alphabet Saxon pour ad-
mettre le Romain, les Perfans, en embraffant
la réligion de Mahomet, adopterent les caracteres
dans lefquels l'Alcoran étoit écrit, et incorporerent
dans leur langue une multitude de mots & de
phrafes Arabes.

Les verbes Perfans qui forment leurs impératifs,
et conféquemment leurs aoriftes des infinitifs hors
d'ufage, peuvent être diftribués dans les fuivantes
claffes : on peut trouver les anciens infinitifs en

ajoutant یدن eeden aux impératifs, et les aoriftes
en leur ajoutant la terminaifon perfonelle.

I.

Verbes irréguliers qui forment leurs ~~infinitifs~~ *Impératifs* en
rejettant تن ou دن

Infin.	Impér.	Aorifte.
آختن *tirer un fabre*	آخ	آخم
اژدن *coudre enfemble*	اژ	اژم
آزاردن *reprimander*	آزار	آزارم
اغوشتن *embraffer*	اغوش	اغوشم
اغیشتن *couper*	اغیش	اغیشم
افشاردن *parler inutilement*	افشار	افشارم
افشاندن *afperger*	افشان	افشانم
افشردن *preffer*	افشر	افشرم
افکندن ٮ *jetter en bas* ou اوکندن	افکن	افکنم
آکندن *remplir*	آکن	آکنم
آوردن *apporter*	آر et آور	آرم et آورم
بافتن *colorer*	باف	بافم
بردن *fupporter*	بر	برم
پروردن *nourrir*	پرور	پرورم
پژمردن *fecher*	پژمر	پژمرم

Infin.	Impér.	Aoriste.
بودن être	بو	بوم
خواندن lire	خوان	خوانم
خوردن manger	خور	خورم
راندن chasser	ران	رانم
ریستن bourdonner	ریس	ریسم
سپردن resigner	سپر / سپار et	سپرم / سپارم et
ستردن raser	ستر	سترم
شاندن peigner	شان	شانم
شكافتن fendre	شكاف	شكافم
شكردن chasser	شكر	شكرم
شمردن nombrer	شبار	شبام
شنودن entendre	شنو	شنوم
غنودن sommeiller	غنو	غنوم
فسردن géler	فسر	فسرم
فشردن / افشردن pour presser	فشر / فشار et	فشرم / فشارم et
فكندن / افكندن pour jetter	فكن	فكنم
گزاردن executer	گزار	گزارم
كستردن joncher	كستر	كسترم
كشتن tuer	كش	كشم

Infin.	Impér.	Aorifte.
كشغتن *difperfer*	كشوف	كشوفم
لاندن *mouvoir*	لان	لانم
ماندن *demeurer*	مان	مانم
نشاندن *fixer*	نشان	نشانم
هيشتن et هشتن *pofer à terre*	هيش	هيشم

II.

Verbes irréguliers qui changent و en اي

آزمودن *effaïer*	آزماي	آزمايم
آسودن *repofer*	آساي	آسايم
افزودن ou فزودن *accroître*	افزاي ou فزاي	افزايم ou فزايم
آلودن *fouiller*	آلاي	آلايم

Le participe de ce verbe, emploïé dans les adjectifs composés, eft آلود comme خواب آلود comme endormi, plongé dans le fommeil.

اندودن *barbouiller*	انداي	اندايم
پالودن *couler*	پالاي	پالايم
پيمودن *mefurer*	پيماي	پيمايم
زدودن *polir*	زداي	زدايم

I

Infin.	Impér.	Aoriste.
ستودن *louër*	ستاي	ستايم
سودن *flatter*	ساي	سايم
فرمودن *commander*	فرماي	فرمايم
نمودن *montrer*	نماي	نمايم
كشودن، كشادن } *ouvrir*	كشاي	كشايم

III.

Verbes irréguliers qui changent ف en ب ou و

آشوفتن، آشفتن } *troubler*	آشوب	آشوبم
تافتن *enflâmer*	تاب	تابم
دريافتن *comprendre*	درياب	دريابم
سفتن *percer*	سنب	سنبم

Cet impératif est très anomale.

شتافتن *se hâter*	شتاب	شتابم
شكفتن *fleurir*	شكيب	شكيبم
فريفتن *tromper*	فريب	فريبم
كوفتن *frapper*	كوب	كوبم
نهفتن *se cacher*	نهبن	نهبم

Je n'ai jamais trouvé cet étrange impératif.

يافتن *trouver*	ياب	يابم

Infin.		Impér.	Aoriste.
رفتن aller		رو	روم
کافتن creuſer		کاو	کاوم
گفتن dire		گو et گوي	گويم
شنفتن entendre		شنو	شنوم

IV.

Verbes irréguliers qui changent خ ز زر س بس ش ou en

افراختن exalter		افراز	افرازم
افروختن enflâmer		افروز	افروزم
اموختن apprendre		اموز	اموزم
آميختن mêler		آميز	آميزم
انداختن jetter		انداز	اندازم
اندوختن gagner		اندوز	اندوزم
انکيختن exciter		انکيز	انکيزم
آويختن pendre		آويز	اويزم
باختن joüer		باز	بازم
پرداختن finir		پرداز	پردازم
پرهيختن ſe garder		پرهيز	پرهيزم
پختن bouillir		پز	پزم
بيختن cribler		بيز	بيزم
پيختن captiver		پيز	پيزم
تاختن tordre		تاز	تازم

Infin.	Impér.	Aoriste.
recuëillir توختن	توز	توزم
verser ريختن	ريز	ريزم
préparer ساختن	ساز	سازم
piquer سپوختن	سپوز	سپوزم
brûler سوختن	سوز	سوزم
fondre گداختن	گداز	گدازم
fuir گريختن	گريز	گريزم
appaiser نواختن	نواز	نوازم
concevoir شناختن	شناس	شناسم
vendre فروختن	فروش	فروشم

V.

Verbes irréguliers qui changent ش en ر

remplir انباشتن	انبار	انبارم
penser انكاشتن	انكار	انكارم
avaler اوباشتن	اوبار	اوبارم
élever برداشتن	بردار	بردارم
supposer پنداشتن	پندار	پندارم
avoir داشتن	دار	دارم
laisser گذاشتن	گذر	گذرم
	{ et گذار	et گذارم
lacher گپاشتن	گپار	گپارم

VI.

Verbes irréguliers qui rejettent بس ou le changent en ي ou وي

Infin.	Impér.	Aoriste.
اجستن *planter*	اج	اجم
آراستن *orner*	آراي	آرايم
بابستن *être néceſſaire*	باي	بايم
پابستن *accepter*	پاي	پايم
پيراستن *parer*	پيراي	پيرايم
جستن *chercher*	جوي	جويم
دانستن *connoitre*	دان	دانم
رستن *croître*	روي	رويم
زستن *vivre*	زي	زيم
شستن *laver*	شوي	شويم
كريستن *pleurer*	كري	كريم
مانستن *reſſembler*	مان	مانم
نكرستن *examiner*	نكر	نكرم

VII.

Verbes irréguliers en بن

آفريدن *créer*	آفرين	آفرينم
چيدن *cuëillir*	چين	چينم
ديدن *voir*	بين	بينم
كزيدن *choiſir*	كزين	كزينم

VIII.

Verbes irréguliers qui forment leurs impératifs en

ر یـ ف et rejettent

Infin.		Impér.	Aoriste.
پذیرفتن *accepter*		پذیر	پذیرم
گرفتن *prendre*		گیر	گیرم

IX.

Verbes irréguliers qui changent ه en س

جستن *sauter*		جه	جهم
رستن *être delivré*		ره	رهم
خواستن *vouloir*		خواه	خواهم
کاستن *amoindrir*		کاه	کاهم

X.

Verbes irréguliers qui changent س en ن ن یـن
ou نـد

برنشستن *monter*	برنشین	برنشینم
بستن *lier*	بند	بندم
پیوستن *joindre*	پیوند	پیوندم
شکستن *rompre*	شکن	شکنم
نشاستن *faire asseoir*	نشان	نشانم
نشستن *s'asseoir*	نشین	نشینم

XI.

Verbes irréguliers qui ajoutent ي

Infin.	Impér.	Aoriste.
زادن *naître*	زاي	زايم
گادن *caresser*	كاي	كايم
كشادن *ouvrir*	كشاي	كشايم

XII.

Verbes irréguliers qui rejettent ادن

افتادن *tomber*	افت	افتم
ايستادن *se tenir debout*	ايست	ايستم
فرستادن *envoïer*	فرست	فرستم
نهادن *placer*	نه	نهم

XIII.

Verbes irréguliers qu'on ne peut reduire dans aucune claſſe.

آمادن *préparer*	آماز	آمازم
آمدن *venir*	آي	آيم
بودن *être*	باش	باشم
خاستن *s'élever*	خيز	خيزم
دادن *donner*	ده	دهم
زدن *frapper*	زن	زنم

Infin.	Impér.	Aoriste.
ستاشتن et ستدن *prendre* ستان	ستان	ستانم
سرشتن *mêler*	سريش	سريشم
كردن *faire*	كن	كنم
كشستن *rompre* et كسيختن	كسيل	كسيلم
كندن *pourrir*	كند	كندم
مردن *mourir*	مير	ميرم
نوشتن et نيشتن *écrire* نويس	نويس	نويسم

Exemple d'un verbe irrégulier.

يافتن yáften *trouver.*   Infinitif contracté يافت

Tems Préfent.

Singulier.	Pluriel.
مي يابم *je trouve.*	مي يابيم *nous trouvons.*
مي يابى *tu trouves.*	مي يابيد *vous trouvez.*
مي يابد *il trouve.*	مي يابند *ils trouvent.*

Prétérit.

يافتم *je trouvai.*	يافتيم *nous trouvames.*
يافتى *tu trouvas.*	يافتيد *vous trouvates.*
يافت *il trouva.*	يافتند *ils trouverent.*

Futur ou Aoriste.

Sing. يابم *je trouverai* ou *puis trouver.*

يابي *tu trouveras* ou *peux trouver.*

يابد *il trouvera* ou *peut trouver.*

Plur. ياببم *nous trouverons* ou *pouvons trouver.*

يابيد *vous trouverez* ou *pouvez trouver.*

يابند *ils trouveront* ou *peuvent trouver.*

Impératif.

Sing.   Plur.

ياب ou بياب *trouve.*   ياببد *trouvez.*

Participe.

Préfent,   ياب ou يابا *trouvant.*

Prétérit,   يافته *aïant trouvé.*

آن به که زصبر رخ نتابم

باشد که مراد دل بيابم

Il vaut mieux pour moi que je ne détourne pas ma face de la patience ; il peut arriver que je trouverai ce que mon cœur defire.

Les participes contractés, ainfi qu'il a été auparavant obfervé, font d'une grande utilité dans la compofition des mots, comme عشرت انكيز *exci-*

K

tant la joïe, de عشرت qui en Arabe fignifie *joïe*,
et le participe de انكيختن *exciter*; mais je par-
lerai plus amplement de ces compofés élégans
dans la prochaine fection.

DE LA COMPOSITION
ET
DERIVATION DES MOTS.

UNE des plus grandes beautés de la langue
Perfanne eft l'ufage fréquent des adjectifs
compofés; dans la variété et l'élégance defquels
elle furpaffe non feulement l'Allemand et l'Anglois,
mais encore le Grec. Ces compofés peuvent être
multipliés à l'infini, fuivant la volonté et le goût
de l'écrivain : ils font formés, foit par un nom
avec le participe contracté, comme دل فريب ou
دلغريب *féduifant le cœur*; foit en mettant un adjectif devant un nom, comme خوشبوي *d'une
bonne odeur*; ou enfin, en plaçant un fubftantif
avant un autre, comme گلعذار *avec une joüe de
rofe.*

Comme un des noms dans un mot compofé eft
fouvent emprunté de l'Arabe, ceux qui fouhaitent

pouvoir lire les ouvrages Perfans avec fatisfaction,
doivent avoir une connoiffance fuffifante de ces
deux langues. J'ajouterai ici une lifte des plus
élégans compofés dont je puiffe me reffouvenir;
mais je dois les exprimer en François par des cir-
cumlocutions, le genie de cette langue ne les
comportant point tels qu'ils font.

Adjectifs compofés de noms et de participes.

کل افشان gul efschán *parfemant des fleurs.*

درّ افشان durr efschán *répandant des perles.*

کوهر افشان gôher efschán *répandant des piérreries.*

تیغ افشان tigh efschán *brandiffant un cymeterre.*

خون افشان khûn efschán *dégoutant du fang.*

دل آزار dil āzár *affligeant le cœur.*

جان آزار dgián āzár *bleffant l'ame.*

تاب افکن táb efken *dardant des flâmes.*

بیخ افکن bîkh efken *arrachant des racines.*

سنک افکن feng efken *jettant des pierres.*

کوه افکن côh efken *renverfant des montagnes.*

مرد افکن merd efken *furmontant des héros.*

عنبر آکین âmber āguîn *plein d'ambregris.*

سرور آکین furúr āguîn *rempli de plaifir.*

مراد آور murád āver *rempliſſant nos déſirs.*

دل آور dil āver *dérobant les cœurs.*

جهان آرا dgehán ārá

et عالم آرا âlem ārá } *ornant le monde.*

مجلس آرا medglis ārá *honnorant le banquet.*

دل آرا dil ārá *rejouiſſant le cœur.*

دل آرام dil ārám *donnant du répos au cœur.*

نبرد آزما neberd āzmá *experimenté en bataille.*

روح آسا rûh āſá *appaiſant l'éſprit.*

جان آسا dgián āſá *donnant le repos à l'ame.*

خون آلود khûn ālûd *aſpergé de ſang.*

غبار آلود ghubár ālûd *couvert de pouſſiere.*

خطا آلود khatá ālûd *ſouillé de crimes.*

روح افزا ruh efzá *refraichiſſant l'eſprit.*

بهجت افزا bihdget efzá *augmentant la gaïeté.*

شهر اشوب ſchehr áſchûb *troublant la cité ;*

élégamment appliqué à la *beauté,* à laquelle les poëtes donnent auſſi l'épithete ſuivante,

روز افزون rûz efzûn *augmentant chaque jour.*

سر افراز ſer efráz *levant ſa tête.*

كردن افراز guerden efráz *élevant ſon col.*

عالم افروز âlem efrûz

ou جهان افروز dgehán efrûz } *éclairant le monde.*

شیتی افروز guíti efrûz *enflâmant l'univers.*

معرکه افروز mârikeh efrûz *allumant le combat.*

بوستان افروز bûftán efrûz *enflâmant le jardin;*
belle épithete pour l'anemone.

دانش آموز dánifch āmûz *verfé dans la fcience.*

کار آموز kár āmûz *expert en affaires.*

مژده آمیز muzhdeh āmîz *mêlé d'heureufes nouvelles;*
ce participe آمیز eft en ufage dans une grande
varieté de compofés.

راحت آمیز ráhet āmîz *donnant le répos.*

ستم آمیز fitem āmîz *plein de menaces.*

شهد آمیز fchehd āmîz *mêlé avec du miel.*

رنک آمیز reng āmîz *bigarré,* c'eft à dire,
trompeur.

پرتو انداز pertû endáz *dardant des raïons.*

دهشت انداز dehfchet endáz *frappant de crainte.*

آتش انداز ātefch endáz *jettant du feu.*

تیر انداز tîr endáz *lançant des traits.*

ظلمت اندوز zulmet endúz *recuëillant l'obfcurité;*
une épithete de la nuit.

عبرت اندوز îbret endúz *attirant l'admiration.*

التفات انکیز iltifát enguîz *excitant le refpect.*

خلوص انکیز khulûs enguîz *engageant à la fincérité.*

فتنه انگیز fitne enguîz *caufant un tumulte.*

خجلت انگیز khedglet enguîz *faifant rougir.*

خفقان انگیز khefekán enguîz *faifant palpiter le*

cœur.

ارشاد انگیز irfchád enguîz *produifant la fureté.*

مردم اوبار merdum ôbár *dévorant les hommes.*

جان أفرین dgián áferîn *qui créa l'ame.*

دل بر dil ber *un raviffeur de cœurs.*

سایه پرور fáyeh perúer *élevé dans l'ombre;*

une épithete pour un jeune homme ignorant

des ufages du monde.

علبا پرور ulemá perúer *chériffant les favans.*

تن پرور ten perúer *nouriffant le corps.*

عشق باز ifchk báz *fe joüant avec l'amour.*

پوزش پذیر púzifch pezîr *acceptant une excufe.*

ترانه پرداز turáneh perdáz *compofant des airs,*

un muficien.

سخن پرداز fekhun perdáz *faifant des fentences,*

un orateur.

نقل بند nekil bend *compilant des narrations,*

un hiftorien.

عدو بند âdú bend *qui captive fes ennemis.*

فتنه بیز fitne bîz *étendant la fedition.*

عطر بيز âtar bîz *dispersant des parfums.*

نادره پيرا nádereh pîrá *rassemblant des événemens mémorables.*

آسمان پيوند âsomán peyúend *atteignant le firmament.*

عالمتاب âlem táb *enflâmmant le monde;* épithete du soleil.

دولتجوي deuletdgiúí *souhaitant prospérité.*

گل چين gul tchîn *cuëillant des roses.*

شكوفه چين schukúfeh tchîn *recuëillant des fleurs.*

سخن چين sekhun tchîn *recuëillant des mots,* un délateur.

سحرخيز feher khîz *se levant au matin.*

خوشخوان khofch khán *chantant agréablement.*

جهاندار dgehándár *possédant le monde.*

نكته دان nukteh dán *habile en subtilités.*

خرده بين khurdeh bîn *voïant des petits objets.*

سخن ران sekhun rán *allongeant son discours.*

كامران kámrán *obtenant ses désirs.*

خون ريز khún rîz *répandant le sang.*

شكر ريز fcheker rîz *dégoutant le sucre.*

گهر ريز goher rîz *dispersant des joïaux.*

اشك ريز afchc rîz *répandant des larmes.*

غمزدا ghemzedá *écartant les soins.*

ظلمت زدا zulmet zedá *chaſſant l'obſcurité.*

رهزن rahzen *infeſtant le chemin,* un voleur.

سحر ساز ſihr ſáz *préparant des enchantemens.*

دلستان dilſitán *raviſſant des cœurs.*

دلسوز dilſûz *enflâmmant le cœur.*

جان شكار dgián ſchikár *un chaſſeur d'âmes.*

عمر شكاف umr ſchikáf *détruiſant la vie.*

صف شكن ſef ſchiken *rompant les rangs.*

انجم شمار endgium ſchumár *égaux en nombre aux*
       étoiles.

كار شناس kár ſchinás *expert en affaires.*

شكر فروش ſcheker furúſch *vendant du ſucre.*

خود فروش khûd furúſch *ſe vantant.*

ناظر فريب nâzer ferîb *décevant le ſpectateur.*

جكر كداز dgiguer gudáz *fondant le cœur.*

صبا كداز ſumma gudáz *diſſipant une calamité.*

ضيا كستر zéyá kuſter *répandant la lumiere.*

عالم كير âlem guîr *ſubjuguant le monde.*

دلكشا dilkuſchá *rejouiſſant le cœur.*

كشور كشا kiſchúer kuſchá *conquerant les provinces.*

اورنك نشين aúreng niſchîn *ſiégeant ſur un trône.*

ويرانه نشين uíráneh niſchîn *habitant un deſert.*

رهنما rehnumá *montrant la voie.*

غریب نواز gherîb nuváz *affable aux étrangers.*

بربط نواز berbut nuváz *montant une harpe.*

كامیاب kám yáb *qui trouve ce qu'il defire.*

II.

Mots compofés d'adjectifs et de noms.

خوب روي khób rúyí *avec un beau vifage.*

پاكیزه خوي pákîzeh khúí *aïant des intentions pures.*

خوشخوي khófch khúyi *d'une humeur douce.*

پاكدامن pákdámen *avec une vertù fans tache.*

خوب آواز khób āváz *avec une voix agréable.*

خوب رایحه khób ráyehe *avec une agréable odeur.*

خوش الحان khófch elhán *avec des chants mélodieux.*
épithete du roffignol, ainfi que dans cet élégant diftique,

رونق عهد شبابست دكر بستانرا

میرسد مژدهٔ كل بلبل خوش الحانرا

Les bofquets reprennent l'éclat de la jeuneffe ; la rofe en envoie l'agréable nouvelle au roffignol à la voix mélodieufe.

خوش رفتار khófch reftár *marchant avec graces.*

شیرینكار fchirinkár *avec des manieres affables.*

L

شیرین دهن‎ fchirîn dihen *avec une bouche emmiellée.*

سیاه چشم‎ fiâh tchefchm *aux yeux noirs.*

Les compofés de cette nature font très-nombreux, et peuvent être inventés à plaifir.

III.

Des Adjectifs compofés de deux noms.

Chacune de ces épithetes eft une courte comparaifon.

پری روي‎ perí rúyi
پری پیکر‎ perí peyker　} *avec la face d'une fée.*

پری رخسار‎ perí rukhfár *avec les joües d'une fée.*

جمشید کلاه‎ Dgemfhíd kuláh *avec le diademe de Gemfhid.*

دارا حشمت‎ Dárá hifchmet *avec les troupes de Darius.*

سیمین ساقا‎ fimîn fák *avec des jambes femblables à l'argent.*

شکر لب‎ fcheker leb, *avec des levres de fucre.*

طوطی گفتار‎ túti guftár *parlant comme un perroquet.*

غنچه لب‎ guntcheh leb *avec des levres femblables aux boutons de rofes.*

سمن بوي‎ femen búyi *avec l'odeur du jafmin.*

سمن بر‎ femen ber *avec un fein femblable aux jafmins.*

گلرخ‎ gulrokh *avec des joües de rofes.*

گلروي‎ gulrúyi *avec un vifage de rofe.*

مشكبوي mufchk búyi *avec l'odeur du mufc.*

ياقوت لب yákút leb *avec des levres de rubis.*

شير دل fchîr dil *avec le cœur d'un lion.*

Quand on confidere le nombre infini d'épithetes qui peuvent être compofées en ces trois manieres, et que ces épithetes font fouvent emploïées comme fubftantifs, quoiqu'il n'y en ait aucun d'exprimés on doit confeffer que la langue Perfanne eft la plus riche langue du monde. Ces compofés ont parû fi beaux aux poëtes de cette nation, qu'ils en ont quelques fois rempli leurs diftiques, comme

ماه روي مشكبوي دلكشي

جان فزاي دلفريبي مهوشي

Une beauté avec un vifage femblable à la lune, odoriferante comme le mufc, raviffant les cœurs, delectant l'ame, feduifant les fens, belle, comme la pleine lune.

La particule هم hem *enfemble,* mife devant les noms, forme une autre élégante claffe de compofés, impliquant focieté et intimité, comme

هماشيان *hemáfchiyán du même nid.*

هماهنك *hemáheng de la même inclination.*

هبزم *hembezm du même feftin.*

هبيستر *hempiftér couchant fur le même oreiller.*

همخوابه *hemkhábeh dormant enfemble.*

هبدم *hemdem refpirant enfemble,* c'eft à dire, in-
timement lié.

Les particules نا *non,* كم *peu,* et بي *fans,*
font placées avant les noms pour dénoter la priva-
tion, comme نا اميد *ná ámîd fans efpoir;* نا
شناس *ná fchinás ignorant,* نا شكفته *ná fchu-*
kufteh *une rofe qui n'eft pas épanouïe;* كمبها *kem-*
behá *de peu de valeur,* كم عقل *kem âkil avec*
peu de fens; بي باك *bî bák fans crainte,* بي
امان *bî ámán fans merci;* cette particule eft
fouvent jointe aux noms Arabes, comme بي
ترتيب *bî tertîb* بي تامل *bî taámul inconfideré,*
irrégulier.

Exemple.

بعد ازين نامنرا در هركجا خواهم نوشت

بي حقيقت بي مروت بي وفا خواهم نوشت

Dorenavant toutes les fois que j'écrirai ton nom, j'y ajouterai *faux*, *desobligeant*, et *sans foi*.

Les noms des agents sont communément des participes actifs en نده comme سازنده *sázendeh* *un composeur*; ou se forment en ajoutant گر *ger*, كار *gár*, ou بان *bán* à un substantif, comme زرگر *un orfevre*, قلمكار *un ecrivain*, باغبان *un jardinier*.

Les noms d'une action sont souvent les mêmes que la troisieme personne du prétérit d'un verbe, comme خرید و فروخت *action d'acheter et de vendre*, آمد و شد *action de venir et d'aller*.

Les adjectifs impliquant possession ou abondance sont formés en ajoutant aux noms les terminaisons سار *sár*, كين *kín*, مند *mend*, ناك *nák*, وار *vár* ou ور *ver*, comme شرمسار *timide*, غمكين *triste*, امیدوار *de belle esperance*, زهرناك *venimeux*, انشمند *savant*, جانور *aiant vie*.

Les mots Arabes ذو *zú*, صاحب *sáhyb*, et اهل *ehl*, mis devant les noms, forment aussi des adjectifs possessifs, comme ذو جلال *majestueux* dignitate præditus, صاحب جمال *beau* venustate præditus, اهل حكمت *sage* sapientiâ præditus. Nous obferverons, que les Indiens emploïent une grande varieté de phrafes purement Arabes, quelques unes comme noms propres et titres des chefs et des princes, d'autres comme épithetes, ou conftans adjoints des fubftantifs; tels font les noms شجاع الدوله Schudgáeddoula, نجم الدوله Nedgmeddoula, شمس الدوله Schemfeddoula, سراج الدوله Serádgeddoula, lefquels en Arabe fignifient *le héros, l'étoile, le foleil,* et *la lampe de l'état*; tel eft auffi le titre qu'ils donnerent au Lord Clive, زبدة الملك *la fleur du roïaume*; de là même maniere rarement ils mentionent la province de بنكاله *Bengale* fans ajouter en guife d'épithete, جنّت البلاد dgennetulbelád *le paradis des régions,* titre Arabe donné à cette province par آورنك زيب Aurengzîb.

Quelques adjectifs font formés des noms en ajoutant ين comme آتشين *ardent,* زمردين *fait d'émeraudes.*

La terminaifon انه ajoutée aux fubftantifs forme des adverbes qui impliquent une forte de fimilitude, comme دانایانه *prudemment, comme un homme de prudence,* مردانه *courageusement, comme un homme de courage.*

Les adjectifs de similitude sont formés en ajoutant آسا āsâ, سا sâ, ou وش vesh aux substantifs, comme عنبر آسا âmber āsâ *comme de l'ambergris,* مشك آسا *comme du musc,* جنت آسا *comme le paradis;* سحر سا *comme magique;* غنچه وش *comme un bouton de rose,* ou قمر وش *comme la lune.*

Quelques adjectifs et adverbes sont formés par les noms doublés avec la lettre ا elif mise entre eux, comme لبالب *jusqu'au bord,* سراسر *depuis le commencement jusqu'à la fin,* رنگارنگ ou كوناكون *colorées de plusieurs nuances,*

Exemple.

روضة ماء نهرها سلسال
دوحة سجع طيرها موزون
آن پر از لالهاي رنگارنگ
وين پر از ميوهاي كوناكون

Un jardin où se trouvoient les plus clairs ruisseaux, un verger dans lequel le chant des oiseaux étoit mélodieux; l'un étoit rempli de tulipes *colorées de plusieurs nuances*, l'autre rempli de fruits de *couleurs variées*.

Les deux prémieres lignes de ce tetrastique sont purement Arabes.

La terminaison فام *fám*, aussi bien que كون *goun*, dénote la couleur, comme كلغام ou كلكون *couleur de rose*, زمردفام *couleur d'emeraude*.

Des composés ci-dessus mentionés, ou de tous autres adjectifs, composés ou simples, on peut former des substantifs abstraits en ajoutant ي comme

شرمسار *timide*,   شرمساري *timidité*.
دانشمند *savant*,   دانشمندي *savoir*.
سياه *noir*,   سياهي *noirceur*.

Si l'adjectif finit en ه muet l'abstraction est faite en changeant ه en كي comme بيكانه *nouveau*, بيكانكي *nouveauté*.

Les autres abstractions sont faites soit en ajoutant ار à la troisieme personne du tems passé, comme رفتار ديدار *vûe*, كفتار *parole*, *motion*; ou en ajoutant ش au participe contracté, comme ازمايش اسايش *repos*, ستايش *loüange*, ازمايش *tentation*.

La lettre ا elif ajoûtée à quelques adjectifs les rend des noms abstraits, comme کرم *chaud*, کرما *chaleur*.

Les noms dénotant la place de quoi que ce soit sont formés par les terminaisons استان istán, دان dán, زار zár, گاه gah ou جا dgá, comme

نگارستان * nigaristán *une galerie de peintures*.

بهارستان beháristán *la maison du printems*.

گلستان gulistán *un berceau de roses*.

شکردان schekerdán ⎱ *une caisse de sucre.*
or شکرستان schekeristán ⎰

سنبلستان sumbulistán *un jardin d'hyacinthes*.

شیرستان schiristán *la terre des lions*.

* Les cinq prémiers de ces noms sont les titres de cinq excellens livres : le Behariftan et le Guliftan font des ouvrages de poëfie compofés par Jami et Sadi ; le Nigariftan eft un recüeil très amufant de profe et de vers ; et le Schekerdan eft un ouvrage meflé fur l'hiftoire de l'Egipte, et écrit en Arabe : quant au Sumbuliftan, quoique quelques fois cité il n'eft pas fi connû, et je ne me rappelle ni du fujet qu'il traite, ni du nom de fon auteur. Les Grecs donnoient fouvent ces titres fleuris à leurs livres ; ainfi Pamphilus publia un traité fur differens fujets, qu'il intitula Λειμὼν چمنزار *un prés* ; et Apoftolius compila un Ἰωνιὰ بنفشه زار *un jardin de violetes*, ou une collection de proverbes et de fentences.

M

جنستان dginniſtán *le païs des fées.*

گلزار gulzár *un jardin de roſes.*

لالهزار lalehzár *une bordure de tulipes.*

عبادتگاه ibádetgáh *un lieu deſtiné au culte.*

خواب جا khob dgiá *le lieu du ſommeil*, un lit.

L'étudiant doit remarquer, que quand ces compoſés ſont emploïés comme des ſubſtantifs diſtints, la terminaiſon ان du pluriel, et را dans le cas oblique, doit être ajoutée à la fin de ces compoſés, comme

Sing.   Nom.   شیرین دهن ⎫ *une fille avec de*
        Obl.   شیرین دهنرا ⎰ *douces levres.*

Plur.   Nom.   شیرین دهنان ⎫ *des filles avec de*
        Obl.   شیرین دهنانرا ⎰ *douces levres.*

Les verbes Perſans ſont compoſés ou par des noms et des adjectifs, ou par des prépoſitions et autres particules. Les verbes principalement emploïés dans la prémiere ſorte de compoſition ſont کردن *faire,* آوردن *apporter,* داشتن *avoir,* ساختن *faire,* فرمودن *ordonner,* خوردن *dévorer,* زدن *frapper,* بردن *ſupporter,* نمودن *montrer,* کشتن ou کردیدن *devenir,* آمدن *venir.*

ديدن *voir*, كرفتن *prendre*, et يافتن *trouver*.
Le plus commun de ceux-ci est كردن lequel est
joint dans toutes ses inflexions à une multitude de
gérondifs Arabes, ou *noms verbaux*, ainsi qu'aux
adjectifs et participes Persans, comme

اقرار كردن ikrár kerden *confesser*.

انتظار كردن intizár kerden *attendre*.

رجوع كردن rudgiû kerden *retourner*.

تمام كردن temám kerden *completer*.

پر كردن por kerden *remplir*.

ترك كردن terk kerden *laisser*.

طلوع كردن tulû kerden *se lever* (oriri).

ainsi Hafiz,

صبحست ساقيا قدحي پر شراب كن

دور فلك درنك ندارد شتاب كن

خورشيد مي زمشرق ساغر طلوع كرد

كر برك عيش ميطلبي ترك خواب كن

Il fait jour, garçon, *rempli* cette coupe de vin;
le ciel roulant ne fait aucun delai; *hâte-toi*
donc. Le soleil de ce vin *se leve* de l'orient de
cette coupe: si tu desires les delices et la joie,
quitte ton sommeil.

هجوم آوردن hudgiúm āverden *assaillir*.

یاد آوردن yád āverden *se ressouvenir*.

عجب داشتن âdgeb dáschten *s'etonner*.

معذور داشتن mâzúr dáschten *excuser*.

حسد بردن hesed berden *envier*.

اعتقاد بردن itikád berden *croire*.

غمّ خوردن ghemm khórden *s'affliger*.

سوکند خوردن seukend khórden *jurer*.

روشن ساختن rúschen sákhten *éclairer*.

تر ساختن ter sákhten *humecter*.

التفات نمودن iltifát numúden *estimer*.

مدهوش کشتن medhúsch geschten *être étonné*.

غمناك كرديدن gemnák gerdíden *être affligé*.

پديد آمدن pedîd āmeden *paroitre*.

احسان ديدن ihsán dîden *être obligé*.

پرورش يافتن perverisch yáften *être élevé*.

قرار كرفتن kerár griften *être confirmé*.

Les verbes کردن et فرمودن font très frequemment emploïés dans la composition, comme نعره زدن nâreh zeden *appeller à haute voix*, فکر فرمودن fikr fermúden *considerer*; ainsi Geláleddin Rûzbehár,

تا بحمد تو نعره زن بلبل
همه كوشم چون درخت گل

Quand le roffignol chante tes loüanges à haute voix, je fuis tout oreilles, comme la tige d'un rofier.

et Hafiz,

فكر معقول بغرما گل بيخار كجاست

Confidére attentivement ; y a-t-il une rofe fans épine ?

Quelques unes des particules avec lefquelles les verbes font compofés, font fignificatives, et d'au- tres fuperflûes et feulement pour l'ornement, comme

    در آمدن der āmeden *entrer.*
    در آوردن der āverden *apporter.*
    در خواستن der kháften *requerir.*
    در يافتن der yáften *comprendre.*
    بر آمدن ber āmeden *monter.*
    بر گشتن ber kefchten *retourner.*
    بر آسودن ber āfúden *répofer.*
    باز داشتن báz dáfchten *retenir.*

فرود آمدن furúd ámeden *defcendre.*

واپس داشتن văpes dáſchten *détenir.*

سر دادن ſer dáden *bannir,* confiner dans un lieu.

Au tems préſent d'un verbe compoſé la particule می eſt inſerée entre les deux mots deſquels il eſt compoſé, comme پر کردن *remplir,*

Sing. پر می کنم *je remplis.*

پر می کني *tu remplis.*

پر می کند *il remplit.*

Plur. پر می کنیم *nous rempliſſons.*

پر می کنید *vous rempliſſez.*

پر می کنند *ils rempliſſent.*

Quelques fois les deux mots dont le verbe eſt compoſé ſont placés à une grande diſtance l'un de l'autre, comme

صبا بلطف بگو آن غزال رعنارا

که سر بکوه وبیابان تو داده مارا

O haleine du vent du couchant, dis à ce tendre faön, tu nous as confiné dans les collines et dans les deſerts.

où سر دادۀ le préterit de سر دادن *confiner,*

eſt ſeparé par trois mots. Le nom سر a un
grand nombre de differens ſens, et par conſéquent eſt le mot le plus difficile de la langue Perſanne : il ſignifie *la tête, la cime, la pointe, la
principale choſe, l'air, déſir, amour, volonté, inten-
tion, &c.* et quelques fois ſon ſens eſt ſi vague,
qu'il paroit n'être qu'une explétive, bien que ſans
doute les Perſans en ſentent l'energie.

Il y a des verbes dérivatifs dans le Perſan, ainſi
que dans l'Hebreu et l'Arabe ; ils ſont formés par
les verbes tranſitifs en changeant یدن en انیدن
et quelques fois en ایانیدن comme

تاییدن luire,   تابانیدن ⎱ éclairer.
            et تایایانیدن ⎰

رسیدن arriver.   رسانیدن conduire.

یارب آن آهوي مشکیین سختن باز رسان
وآن سهي سرو خرامان بچمن باز رسان

O ciel ! *recondui* ce faön muſqué à Khoten ; ra-
mene dans ſon natif jardin ce haut et ondoïant
cyprès.

DES NOMBRES PERSANS.

Les numéraux et parties invariables de la langue appartiennent plus à un vocabulaire qu'à une grammaire ; mais pour l'utilité de ceux qui voudroient se donner la peine de les apprendre par cœur, je joindrai ici les plus communes d'entre eux :

١	یک	yek	*un.*
٢	دو	du	*deux.*
٣	سه	seh	*trois.*
٤	چهار	tchehár	*quatre.*
٥	پنج	penge	*cinq.*
٦	شش	schesch	*six.*
٧	هفت	heft	*sept.*
٨	هشت	hescht	*huit.*
٩	نه	nuh	*neuf.*
١٠	ده	deh	*dix.*
١١	یازده	yázdeh	*onze.*
١٢	دوازده	duázdeh	*douze.*
١٣	سیزده	sizdeh	*treize.*
١٤	چهارده	tchehárdeh	*quatorze.*

١٥	پانزده	pánzedeh	*quinze.*
١٦	شانزده	fchánzedeh	*feize.*
١٧	هفده	hefdeh	*dix-fept.*
١٨	هشده	hefchdeh	*dix-huit.*
١٩	نوزده	núzdeh	*dix-neuf.*
٢٠	بیست	bíft	*vingt.*
٢١	بیست یک	bíft yek	*vingt-un.*
٣٠	سی	sí	*trente.*
٤٠	چهل	tchehel	*quarante.*
٥٠	پنجاه	pendgiáh	*cinquante.*
٦٠	شش	fchefcht	*foixante.*
٧٠	هفتاد	heftád	*feptante.*
٨٠	هشتاد	hefchtád	*huitante.*
٩٠	نود	naved	*nonante.*
١٠٠	صد	fad	*cent.*
٢٠٠	دوصد	dúfad	*deux cent.*
٣٠٠	سیصد	sífad	*trois cent.*
٤٠٠	چهارصد	tchehárfad	*quatre cent.*
٥٠٠	پانصد	pánfad	*cinq cent.*
١٠٠٠	هزار	hezár	*mille.*
١٠٠٠٠	ده هزار	deh hezár	*dix mille.*
١٠٠٠٠٠	صد هزار ou لک fad hezár ou lac		*cent mille.*

N

O R D I N A U X.

نخست nukhuſt   *prémier.*

دوم duum   *ſecond.*

سوم ſium   *troiſieme.*

چهارم tchehárum   *quatrieme.*

پنجم pendgium   *cinquieme.*

Tous les autres ordinaux ſont formés de la même maniere en ajoutant م aux nombres cardinaux.

A D V E R B E S.

بسيار beſiár *beaucoup.*   اندك endek *peu.*

اينجا índgiá *ici.*   آنجا ānjá *là.*

جان نيز اكر فرستم آنجا
آن تحفهٔ مختصر چه باشد

Si je pouvois envoïer mon ame même *en ce lieu,* combien peu de choſe ſeroit ce préſent !

از اينجا ez índgiá *d'ici.*   از آنجا ez āndgiá *de là.*

اينسو ínſú *ça, y.*   آنسو ānſú *là, y.*

كجا cudgiá *où.*   از كجا ez cudgiá *d'où.*

هر كجاكه her cudgiá ke *par tout où.*

بیرون bírún *dehors.*

درون derún, ou اندرون enderún *dedans.*

نوازنده بلبل بباغ اندرون

کرازنده آهو براغ اندرون

Les rossignols gazoüilloient dans le jardin, et les faöns se joüoient sur les collines.

فرو forú } *là bas.* بالا bálá *là haut.*
ou فرود forúd }

ان بلا نبود که از بالا بود

Le mal qui vient *d'en haut* n'est pas un mal.

بامداد bámdád }
سحرکاه fehergáh } *au matin.*
ou سحر feher }
شامکاه fchámgáh *au foir.*

دی dí *hier.* فردا ferdá *demain.*

پیش péifch *avant.* پس pes *après.*

اکنون eknún *à préfent.* آنکاه āngáh *alors.*

چون tchún *quand.* هماندم hemándem *directement.*

هرکز herkez *toüjours.* هرکزنه herkezneh *jamais.*

هنوز henúz *encore.* بعد ازآن bâd ez ān *enfuite.*

تا tá *jufqu'à.* هميشه hemeifcheh *continuellement.*

باري bári *une fois.* ديگربار deigerbár *de nouveau.*

هم hem *auffi.* نيز níz *même.*

Les fix adverbes fuivans font prefque fynonimes, et fignifient *comme, tel, ainfi que ;*

همچو hemtchú, همچون hemtchún.

چنين tchenín, همچنين hemtchenín.

چنانچه tchenántcheh, چنانكه tchenánkeh.

كو cú *où ?* چرا tcherá *pourquoi ?*

چند tchend *combien ?*

ازبهرچه ez behri tche *furquoi ?*

چون tchún *comment ?*

چگونه tchegúneh *comment* ou *quoi.*

اينك ínek *voilà, voici !* كاش cáfh *voudroit !*

مگر megher *peut-étre.* مبادا mebádá { *à moins que,* { *par hazard.*

هم hem بهم behem { *enfemble.* تنها tenhá *feul.*

CONJUNCTIONS.

و ú, *ou* و *va et* هم hem, *ou* نيز *auffi.*

يا yá *ou.* اكر egher, *ou* اكر *fi.*

اكرچه eghertcheh, كرچه ghertcheh *quoique.*

اما emmá, ليكن leiken, بل bel, بلكه belkeh *mais, que.*

هرچند hertchend, هرچندكه hertchendkeh *quand même.*

بنابرين benáberín *c'est pourquoi* ou *donc.*

پس pes *de plus.*

كه keh *puisque.*   زيرا zírá *parceque.*

مكر megher *si ce n'est que.*   جز dgiuz *à moins que.*

PREPOSITIONS.

از ez *par, de.*   ابر aber, بر ber *sur, dessus.*

پس pes *après.*   پيش peisch *devant que.*

به beh, ou ب be, joint au nom, *en* ou *dans, à.*

با bá *avec.*   بي bí *sans, hors.*

پهلوي pehlevi *proche, près.*

براي beráí, بجهت bedgihet *pour.*

ازجهت ez dgihet, ازبر ez behr *à cause de.*

در der *dans.*   سوي súí *vers.*

فرود forúd *sous, dessous.*

زير zír *sous, par dessous.*

زبر zeber *au dessus de.*   نزد nazd *auprès.*

ميان meián *entre.*

INTERJECTIONS.

ایا ابا eía, ایها ایا áyohá *oh!*   آه áh *ah!*

غریبدا ou دریغا darígá *hélas!*

ainſi, dans la fable du marchand et du perroquet par Gelaleddin Rúmi,

اي دريغا واي دريغا واي دريغ
كانچنان ماهي نهان شد زير ميغ

Hélas! hélas! faut-il qu'une ſi brillante lune ſoit cachée par les nuages!

فغان fugán et افسوس efsús ſont auſſi des in-terjections qui expriment la douleur; comme dans ce tétraſtique du ſultan Togrul Ben Erſlan,

دیروز چنان وصال جان فروزي
وامروز چنين فراق عالم سوزي
افسوس كه بر دفتر عمرم ايام
آنرا روزي نويسد اينرا روزي

Hier la préſence de ma bien-aimée délectoit mon ame; et aujourd'hui ſon abſence la remplit d'amertume: hélas! faut-il que la main de la fortune trace alternativement la joïe et la dou-leur dans le livre de ma vie!

Cet illuftre héros et poëte fut le dernier roi de la race de Selgiucides : il aimoit paffionément les poëfies de Ferdufi, et dans la bataille où il perdit la vie, on l'entendit repeter à haute voix les vers fuivans du Chahnáma,

چو برخاست از لشكركش كرد

رخ نامداران ما كشت زرد

من اين كرز يكزخم برداشتم

سپهرا هم انجاي بكذاشتم

خروشي برآورد اسپم چو پيل

زمين شد پريشان چو درياي نيل *

Quand la pouffiere s'éleva à l'approche de l'armée ennemie les joües de nos héros pâlirent ; mais je levai ma hache d'armes, et d'un feul coup j'ouvris un paffage à mes troupes : mon cour- fier, ainfi qu'un élephant furieux, faifoit rage, et la plaine étoit agitée comme les vagues du Nil.

* Ces lignes font citées dans d'Herbelot, p. 1209, mais elles font differemment écrites dans mon manufcrit de Ferdufi, le- quel j'ai fuivi.

DE LA SYNTAXE PERSANNE.

LA conftruction de la langue Perfanne eft très facile, et peut être reduite à un petit nombre de régles, lefquels pour la plufpart lui font communs avec les autres langues. Le nominatif eft ordinairement placé avant le verbe, avec lequel il répond en nombre et perfonne, comme dans cette fentence pieufe d'une philofophe Perfan,

از بهر چه آمده‌اي اگر آمده‌اي که علم اولين
واخرين بياموزي اين راه روا نيست اين
همه خالق داند واكر آمده‌اي که اورا جويي
آنجا که اوّل قيام بر كرفتي او خود آنجا
بود *

Pourquoi *es-tu venû?* fi *tu es venû* pour apprendre la fcience des tems anciens et modernes, tu n'as pas pris le vrai fentier : eft-ce que le *Createur* de toutes chofes ne *connoit* pas toutes chofes ? et fi *tu es venû* pour le chercher, fache

* Voïez la Bibliotheque Orientale, p. 950.

que dans le lieu où *tu* fus d'abord fixé, *il étoit préfent.*

Il eft pourtant à remarquer, que plufieurs pluriels Arabes font par les Perfans confiderés comme des noms du nombre fingulier, et comme tels s'accordent avec les verbes et les adjectifs, comme

از آمدن بهار از رفتن دي

اوراق حيات ما ميكردن طي

Par l'approche du printems, et le retour de Decembre, les feuïlles de notre vie font continuellement pliées.

où اوراق le pluriel de ورق *une feuïlle* gouverne مكردن dans le fingulier.

Une autre étrange irrégularité dans la fyntaxe Perfanne c'eft, que les nombres cardinaux font communément joints aux noms et aux verbes dans le fingulier, comme هزار يك روز *mille et un jours.*

نسيم زلفت اكر بكذرد بتربت حافظ

زخاك كالبدش صد هزار لاله برآيد

O

Si le zéphir disperse le parfum de tes cheveux sur le tombeau d'Hafiz, *cent mille fleurs sortiront* de la terre qui renferme son corps.

Ces idiomes ne sont, néanmoins, nullement naturels aux Persans, et semblent plutôt empruntés des Arabes, qui disent الف ليلة وليلة *mille et une nuits*. En Arabe aussi un nom du nombre pluriel, qui désigne un être inanimé, requiert un verbe au singulier du genre feminin, car les verbes Arabes ont des genres distincts ainsi que les noms, comme

خرت الانهار والاغصان مالت للسجود

Les riviéres murmurent, et les branches se courbent pour adorer leur créateur.

فاضت اقداحهم كاحداقي

Leurs coupes regorgeoient de vin, et mes yeux de larmes.

اكر آن ترك شيرازي بدست ارد دل مارا
بخال هندويش بخشم سمرقند وبخارارا

Si cette belle de Schiraz vouloit accepter mon cœur, je donnerois les villes de Samarcande et de Bokhára pour le seing noir qui est sur sa joüe.

On a observé ci-devant (voïez page 18) que le ارا est omis si le nom est indefini ou géné-ral, comme جام پر کن *rempli une coupe*; mais qu'elle est inserée si la chose est particuliere et limitée, comme جام را پر کرد *il remplit* la *coupe*; des exemples de ceci se rencontrent presque à chaque page.

Tous les noms ou verbes qui impliquent profit ou acquisition, gouvernent le cas oblique, comme

بلی هر جا که شود مهر آشکارا

سها را جز نهان بودن چه یارا

Ouï! toutes les fois que le soleil paroit, quel avantage en retire * Soha, si ce n'est celui d'être éclipsée?

La remarque suivante est plus relative à la posi-tion qu'à la syntaxe: dans une periode de deux ou de plusieurs membres, chacun desquels pour-

* Soha est en Arabe le nom d'une étoile très petite et très obscure dans la constellation de la Grande Ourse.

roit finir par un verbe auxiliaire, le premier de ces membres contient le verbe qui eſt entendû dans le reſte, comme

مضرت تعجيل بسيارست ومنفعت صبر وسكون بيشمار

Les deſavantages d'une trop grande hâte ſont pluſieurs, et les avantages de la patience et de la délibération ſont innombrables.

L'adjectif eſt placé après ſon ſubſtantif, et le nom qui gouverne eſt mis devant celui qu'il gouverne, comme روي خوب *un beau viſage,* بوي كل *l'odeur d'une roſe* ; mais ſi cet ordre eſt renverſé, un adjectif compoſé en reſulte, comme خوب روي *au beau viſage,* كلبوي *à l'odeur de roſe.*

Les conjonctions qui expriment une conjecture, une condition, une volonté, un motif, &c. requierent le mode conjonctif ou potentiel, comme

كر بدانستمي كه فرقت تو
اينچنين صعب باشد ودلسوز
از تو دوري نجستمي يكدم
وز تو غايب نبودمي يكروز

Si j'avois fû *que* ton abfence m'eût été fi douleu-
reufe, et fi affligeante, je ne me ferai éloigné
de toi, pas même pour un feul jour ; ni n'aurois voulû te quitter un feul moment.

Les prépofitions et les interjections font mifes
devant les noms dans le nominatif, comme

شنوده ام که دو کبوتر با یکدیگر در آشیانهٔ
دمساز و در کاشانهٔ همراز نه از غبار اغیار بر
خاطر ایشان کردي ونه از محنت روزکار در
دل ایشان دردي

J'ai ouï dire que deux tourterelles vivoient enfemble *dans* un même nid, et chuchetoient leurs
fecrets *dans* une même chambre ; la pouffiere
de la jaloufie n'avoit jamais fouillé leurs ames,
et les angoiffes de l'infortune n'avoit jamais
percé leurs cœurs.

پرده داري میکنند در قصر قیصر عنکبوت
بومي نوبت * میزند بر کنبد افراسیاب

* نوبت eft un mot Arabe qui fignifie *une tour, un change-*
ment, un centinelle, excubiæ : delà نوبت زدن en Perfan, et
نوبت چالیقـ en Turc, fignifie *relever le garde par le fon*
des tambours et des trompettes. Cet emploï eft donné par le

L'araignée tient le voile *dans* le palais de Céfar; le
hibou fait centinelle *fur* la haute tour d'Afrafiab.

Les régles que je viens de donner font les principales régles que j'aie pû raffembler pour inftruire
dans la langue Perfanne; mais elles ferviront de
peu, fi l'écolier ne les étend pas lui-même par fes
recherches: l'office d'un grammairien eft d'ouvrir
la mine de la litérature; c'eft à celui qui veut
prendre poffeffion des pierreries qu'elle contient à
ne pas épargner fon travail pour les trouver. Cependant j'ajouterai encore ici une fable Perfanne,
de la premiere partie de laquelle je donnerai une
analyfe grammaticale. D'apres ce modéle l'écolier
pourra analyfer quelque piece que ce foit des
auteurs Perfans, et les traduire correctement à
l'aide d'un dictionnaire, pourvû toute fois qu'il ait
quelque teinture de la langue Arabe, fans laquelle
il ne feroit jamais un bon traducteur, et s'expofe-
roit au mépris des favans.

poëte à l'hibou, comme celui de بر ده دار ou chambellan,
eft élegamment affigné à l'araignée. Quelques copies ont
نوحة au lieu de نوبت dont le fens feroit très bon, mais
détruiroit la beauté de l'allufion.

FABLE PERSANNE.

باغبان و بلبل

Le Jardinier et le Rossignol.

اورده اند که دهقانی باغی داشت خوش
وخرم وبوستانی تازهتر از کلستان ارم هوای
آن نسیم بهار را اعتدال بخشیدی وشمامهٔ
ریحان روح افزایش دماغ جانرا معطر ساختی

نظم

کلستانی چو کلزار جوانی
کلشن سیراب آب زندکانی
نوای عندلیبش عشرت انکیز
نسیم عطرسایش راحت آمیز

وبر یک کوشهٔ چمنش کلبنی بود تازهتر
از نهال کامرانی وسرافرازتر از شاخ شجرهٔ
شادمانی هر صباح بر روی کلبن کل رنکین
چون معذار دلغریبان نازک خوی ورخسار
سنبران یاسبین بوی بشکفتی وباغبان با
آن کل رعنا عشق بازی آغاز نموده
کفتی

بيت

گل بزير لب نميدانم چه ميكويد كه باز
بلبلان بي نوارا در فغان مي آورد

باغبان روزي بر عادت معهود بتماشاي گل
آمد بلبلي ديد نالان كه روي در صحيفهٔ
گل مي ماليد وشيرازهٔ جلد زرنكار اورا
بينغار تيز از يكديكر مي كسيخت

بيت

بلبل كه بكل درنكرد مست شود
سر رشتهٔ اختيارش از دست شود

باغبان پريشاني اوراق گل مشاهده نبوده
كريبان شكيباي بدست اضطراب چاك زده
ودامن دلش بخار جگردوز بيغراري
دراويخت روز ديكر همان حال وجود كرفت
وشعلهٔ فراق گل

مصراع

داغ دكرش بر سر آن داغ نهاد
روز سيوم بحركت منقار بلبل

ع

گل بتاراج رفت و خار بماند

خارخاري از آن بلبل در سينهٔ دهقان
پديد آمده دام فريبي در راه وي نهان
وبدانهٔ حيل اورا صيد كرده در زندان
قفس محبوس ساخت بلبل بيدل طوطي
وار زبان بكشاد وگفت اي عزيز مرا بچه
موجب حبس كردهٔ از چه سبب بعقوبت
من مايل شدهٔ اكر صورت بجهت استماع
نغمات من كردهٔ خون اشيانهٔ من در بوستان
تست دم سحر طربخانهٔ من اطراف كلستان
تست واكر معني ديكر بخيال كذرانيدهٔ
مرا از ما في الضمير خود خبر ده دهقان
كفت هيج ميداني كه بروزكار من چه
كردهٔ ومرا بغارت يار نازنين چند بار
ازردهٔ سزاي آن عمل بطريق مكافات هبين
تواند بود كه تو از دار وديار مانده واز
نفرج وتباشا مهجور شده در كوشهٔ زندان
مي زاري ومن هم درد هجران كشيده
ودرد فراقت جانان چشيده در كلبهٔ احزان
مي نالم

P

بیت

بنال بلبل اکر با منت سر یاریست
که ما دو عاشق زاریم وکار ما زاریست

یلبل کفت ازین مقام درکذر وبر اندیش
که من بدین مقدار جریمهٔ که کلی را پریشان

کرده ام محبوس کشته ام تو که دلی را پریشان
می سازی حال تو چون خواهد بود

نظم

کنبد کردنده زروی قیاس
هست به نیکی وبدی حق شناس
هر که نکوی کند آنش رسید
وهر که بدی کرد زیانش رسید

این سخن بر دل دهقان کارکر آمده
بلبل را آزاد کرد بلبل زبانی بآزادی کشان
وبکفت چون با من نکوی کردی بحکم هل
جزا الاحسان الا الاحسان مکافات آن باید
کرد بدان که در زیر درخت که ایستادهٔ
افتابهٔ است پر از زر بردار ودر حوایج خود
صرف کن دهقان آن محل را بکاوید وسخن
بلبل درست یافت کفت ای بلبل عجیب

كه آفتابهٔ زر را در زير زمين مي بيني
ودام در زير خاك نديدي بلبل گفت تو
آنرا ندانستهٔ كه

اذا نزل القدر بطل الحذر

ع

با قضا كارزار نتوان كرد
چون قضاي آلهي نزول يابد ديدهٔ بصيرت را
نهروشني‌ماند وته تدبير وخرد نفع رساند.

Traduction littérale de la fable précedente, avec des notes grammaticales.

Le JARDINIER et le ROSSIGNOL.

On raconte qu'un jardinier avoit un agréable et fertile verger, et un jardin plus frais que les bocages de l'Irem.

آورده اند *on a rapporté,* second prétérit du verbe آوردن imp. آر aoriste آرم *rapporter, raconter,* كه le conjonction. دهقاني *un campagnard, un villageois,* de ده *un village;* le ي à la fin implique unité, comme dans le mot d'après باغي *un verger*. داشت troifieme perfonne du prétérit de داشت imp. دارم aorifte *avoir*; il gouverne un nom indefini au nominatif. خوش et خرم adjectifs. و le copulatif. بوستاني un nom; obfervez le ي d'unité comme devant. تازهتر le comparatif de تازه *frais*. از *que*. گلستان *un jardin de rofes*, de گل. On doit prononcer *gulifâni*, comme étant le prémier de deux fubftantifs. ارم un nom propre: c'eft un jardin fabuleux, fuppofé avoir été planté en Arabie par un roi nommé Cheddad.

L'air duquel donne de la douceur aux zéphirs du printems, et dont les herbes odoriferantes rafraichiffent les efprits, et portent leur parfum jufqu'à l'ame.

هوا Arabe, *l'air*; le ي montre qu'il eft en conftruction avec le nom fuivant. آن un pronom demonftratif, emploïé ici pour او ou ش نسيم Arabe, *le zéphir*; on doit lire *nifími*. بهار *le printems*. را dénote le cas oblique, lequel en ce lieu répond au datif. اعتدال nom verbal en

Arabe de la huitieme conjugaison, fignifiant *éga-
lité*. بخشیدی le fecond tems imparfait de
بخشیدن *donner*, emploïé principalement en narrations. شامۀ Arabe, la marque ة montre qu'il
eft fuivi d'un fubftantif. ریحان proprement
Arabe, *bafilic*. روح‌افزا compofé de روح Arab.
efprit, et افزا le participe contracté de افزودن
accroitre, imp. افزا aorifte افزایم. بش pour ش
le pronom poffeffif : après les noms en ا ou و un
ي eft inféré avant le ش. دماغ جان litéralement *le cerveau de l'ame*. را marque le cas
accufatif. معطّر *parfumé*, Arabe, de عطر otr.
ساختی prétérit imparfait, comme ci-devant, du
verbe ساختن imp. ساز aorifte سازم de l'ancien
سازیدن *faire*. On obfervera que le verbe eft
placé à la fin de la fentence, comme en plufieurs
autres langues.

V E R S.

Un bofquet femblable au jardin de la jeuneffe, un
   lit de rofes baigné des eaux de la vie ; les chants
   de fes roffignols excitant les plaifirs ; fes zéphirs
   odoriferans répandant les parfums.

نظم *vers*, en oppofition à نثر *profe*; le prémier fignifie en Arabe l'acte *d'enfiler des perles* ou *des joïaux en bracelet* ou *en collier*, et le dernier defigne l'acte de *difperfer des pierreries au hazard*; d'où par une élégante metaphore les mots font appliqués aux vers ou à la profe. گلستانی *un jardin de rofes*; obferver le ی d'unité. چو *comme*, une conjonction. زار de کل et کلزار une fyllabe dénotant *le lieu.* جوانی *jeuneffe*; de ی forme l'abftrait de جوان *jeune.* گلشن le même comme سیراب گلستان et کلزار un adjectif compofé de سیر *plein* et آب *eau.* زندکانی *les fontaines de la jeuneffe et de la vie* font fouvent mentionées dans les fables orientales; la derniere étoit fuppo-fée avoir été découverte par Khezar, qui avoit ob-tenû l'immortalité en buvant de fes eaux. نوای *la mélodie de,* عندلیب Arab. *un roffignol*; eft ici emploïé collectivement; les pluriels font عندلیبان ou عنادل d'après la forme Arabe. عشرت انکیز compofé d'un fubftantif Arabe et du participe de انکیزم imp. انکیز aorifte انکیختن *exciter.* عطرسا *parfumé,* de عطر et la particule سا. بیش pour ش comme ci-devant. راحت آمیز de راحت

Arabe et آميز le participe de آميختن imp. اميز
aorifte اميزم *mêler, fe lever.*

Et dans un coin de fon jardin il y avoit un rofier
plus frais que l'arbufte du defir, et plus haut
que les branches du mirthe.

بر prépofition. يك *un.* كوشة un fubftantif;
ة montre qu'il eft en conftruction. چمن un
autre mot pour *un jardin.* ش le pronom poffeffif. گلبني *un rofier;* ي comme devant. بود
la troifieme perfonne du prétérit de بودن *étre.*
نهال et شجره tous deux fignifient *un arbre;* le
prémier en Perfan, le fecond en Arabe. كامراني
et شادماني font abftraits, *défir* et *joïe,* fait par
le formatif ي

Chaque matin au haut du rofier les rofes fleurif-
foient, colorées comme la joüe d'une beauté
féduifante, et comme le vifage des filles avec
un fein de lys, et l'odeur du jafmin.

هر *chaque.* صباح Arab. *matin.* روي proprement *la face.* گل *rofes,* collectivement, comme
dans la phrafe گل فشان كن *parfemer des rofes,*

ou fleurs en général. رنكين l'adjectif de رنك
couleur, comme سنكين *pierreux*, du سنك *pierre*,
زرين *doré*, de زر *l'or*. چون le même comme
چو *semblable*. رخسار et عذار signifie *une joüe*;
le prémier est Arabe et le dernier Persan. دلغريبان
et سمنبران adjectifs composés emploïés comme
substantifs; car le mot *fille* ou *garçon* est sous-
entendû. نازك خوي et ياسمين بوي font des
composés adjectifs invariables. بشكفتي le prétérit de شكفتن imp. شكيب aoriste شكيبم *fleu-*
rir. Observez les rimes à la fin de cette période.
Les Asiatiques ainsi que les sophistes Grecs regar-
doient comme une beauté de finir leurs sentences
avec des mots du même son; exemple frappant
des différens goûts des nations, car cette beauté
orientale seroit une faute enorme dans la plûpart
de nos langues Européenes.

Le jardinier commença à montrer une passion ex-
treme pour ces charmantes roses.

D I S T I Q U E.

Je ne sais ce que la rose dit entre ses levres, qui
attire les pauvres rossignols avec leurs tons
plaintifs.

کل رعنا eſt une ſorte de *roſe* d'une très éclatante couleur : le mot *rânâ* ſignifie auſſi *tendre*, et a à peu près le même ſens en Hebreu et en Arabe. عشقبازي mot compoſé, ſignifiant *les jeux de l'amour* ou *de la tendreſſe*. آغاز *un commencement.* نبوده le participe prétérit de نبودن imp. نباي aoriſte نبايم *montrer.* كفتي le prétérit de كفتن imp. كو ou كوي aoriſte كويم Les poëtes emploïent ſouvent كفتا pour *il dit.* بيت en Arabe *une maiſon*, auſſi *un couplet*, toutes les expreſſions dans la proſodie orientale ſont tirées de l'art de batir. ن la lettre négative ; ميدانم prémiere perſonne du tems préſent de دانستن imp. دان aoriſte دانم d'où le préſent eſt derivé. ميكويد la troiſieme perſonne du tems préſent de كفتن comme deſſus. باز adverbe. بي *ſans* eſt ſouvent joint à ſon ſubſtantif, comme بيدل *ſans cœur.* را marque le cas accuſatif. ده prépoſition. فغان *complainte, triſteſſe* ; eſt ſouvent mis pour une interjection, فغان كه *hélas, que*——

Un jour le jardinier ſelon ſa coutume ordinaire fut examiner ſes roſes ; il vit un roſſignol plaintif

Q

qui frottoit sa tête contre les feuilles des roses, et qui avec son bec éfilé dechiroit ce volume enriché d'or.

DISTIQUE.

Quand le rossignol voit les roses, il devient hors de lui-même, et abandonne les rênes de la prudence.

عادت روز *un jour*; ي comme ci-dessus. Arabe, *coutume*. معروف Arabe, participe passif de عهد âhada. ب préposition inséparable; نباشا un verbe Arabe; ي marque de construction. دیب prétérit de دیدن imp. بین aoriste بینم *voir*; il gouverne ici le cas nominatif. نالان participe actif de نالیدن *plaindre*. صحیفة Arab. *feuilles* collectivement; le marque ء comme ci-devant. مالیدن prétérit imparfait de مي مالید *frotter*. جلد Arabe, *un volume*. زرنكار adjectif, composé de زر *or*, et نكار *un ornement*. او pronom possessif; را signe de l'accusatif. منقار Arabe, *le bec d'un oiseau*. تیز un adjectif, placé selon les régles après son substantif. از une préposition. یکدیکر litéralement *l'un l'autre*. كسيخت مي

le prétérit imparfait de كسيختن imp. كسيل aoriste بيت كسيلم comme devant. كه une conjonction, gouvernant le mode potentiel. درنكرد l'aoriste de درنكرستن un verbe composé de la préposition در et نكرستن imp. نكر aoriste نكرم *examiner*; il est construit avec la préposition ب مست un adjectif. شود aoriste de شدن *être*. سر un nom qui a plusieurs différens sens, lesquels doivent se connoître par la pratique; ici il désigne *l'extremité*. اختيار un nom verbal en Arabe; c'est l'infinitif de la huitieme conjugaison, de خار *il choisit*. ز une préposition inséparable, mise pour از شود comme ci-dessus.

Le jardinier considerant le triste état des feuilles de rose dispersées, arracha avec la main de la confusion le collier de la patience, et déchira le manteau de son cœur avec les epines perçantes de l'inquietude. Le jour d'après il trouva l'action du rossignol repetée, et les flâmes de la colere pour la perte de ses roses,

H E M I S T I C H E,

ajoutant une seconde brûlure à la prémiere,

Q 2

Le troisieme jour, par les mouvemens du bec du
roſſignol,

HEMISTICHE,

les roſes furent dépouïllées, et il ne reſte que
les epines.

Alors le reſſentiment que le roſſignol avoit excité,
ne fut plus contenû dans le ſein du jardinier ;
il tendit un piége decevant ſur ſon chemin, et
l'aïant pris avec l'amorce de la trahiſon, il le
renferma dans la priſon d'une cage. Le roſſignol decouragé ouvrant ſon bec comme un
perroquet, s'ecria, Oh ! ſeigneur, pour quelle
raiſon m'empriſonnes-tu ? par quel motif as-tu
reſolû de me rendre miſérable ? ſi tu as formé
le deſir d'entendre mes chants, mon nid eſt
dans ton jardin, où au matin tes berceaux fleuris feront mes ſalons de muſique ; mais ſi ce
n'eſt pas ton idée, informe moi de ce que tu as
dans l'eſprit (phraſe Arabe).

Le jardinier dit, Ne ſais-tu pas combien tu as
ruiné ma fortune ? combien de fois tu m'as
rendû miſerable par la perte de ma roſe favo-

rite? il eſt juſte que ton action ſoit punie; que tu ſois ſéparé de tes amis et de ta famille; et que privé de toute joïe et tout amuſement tu gémiſſes dans le coin d'une priſon; tandis qu'accablé par la douleur d'être ſeparé de mes fleurs bien-aimées je pleurerai dans la cabane du ſouci.

DISTIQUE D'HAFIZ.

Gémis, O roſſignol! ſi comme moi tu regrettes la perte de ton ami, car nous ſommes deux amans plaintifs, et notre occupation eſt de pleurer.

Le roſſignol répondit, Abandonne cette réſolution, et conſidere, que ſi je ſuis impriſonné pour une offenſe telle que d'avoir déchiré une roſe, quel ſera ton chatiment ſi tu mets en pieces un cœur.

VERS.

Celui qui a formé le firmament ſur un exacte meſure, connoit les juſtes retributions pour le bien et le mal; quiconque fait le bien, bien lui en viendra; et s'il fait le mal, le mal le suivra.

Ce discours aïant eû son effet sur le cœur du jardinier, il mit le rossignol en liberté. L'oiseau se voïant libre accorda sa voix selon son état, et dit, Puisque tu m'as rendû ce service suivant la sentence (dans l'Alcoran) Est-il quelque salaire pour les bienfaits autre que les bienfaits ? il faut donc que je recompense le tien. Apprens que sous l'arbre où tu es, il y a un coffre rempli d'or ; prens le, et sers t'en pour supléer à tes besoins.

Le jardinier aïant cherché dans ce lieu trouva que les paroles du rossignol étoient véritables, il dit, O rossignol ! quelle merveille est ceci, que tu puisses voir un coffre d'or sous terre, et que tu n'aies pû découvrir un piége qui étoit sur sa surface ?

Le rossignol dit, Ne sais-tu pas que (sentence Arabe) quand le fort tombe toute précaution est vaine ?

HEMISTICHE.

Il est impossible de disputer avec le sort.

Lorsque les decrets du ciel sont accomplis, les yeux de l'entendement demeurent sans clarté, et ni prudence ni sagesse ne sont d'aucun avantage.

عروض

DE LA VERSIFICATION.

LES Perfans modernes empruntent des Arabes leurs mefures poëtiques : ces mefures font trop variées et trop compliquées pour en faire une entiere explication dans cette grammaire ; mais quand l'écolier entendra paffablement la poëfie Perfanne, il recevra des inftructions plus complettes en lifant un traité fur la verfification par وحيدي Vahídí, dont l'auteur n'eft pas lui-même un poëte à dedaigner.

Les Perfans fe fervent de dix-neuf fortes de metre, dont les plus communes font بحر رجز ou la mefure iambique, بحر رمل ou la mefure trochaïque, et بحر هزج un metre qui confifte principalement dans ces piés compofés que les anciens nommoient Επιτρίτες, lefquels font compofés de piés iambiques et de fpondées alternativement, comme *amatores puellarum*. Dans la poëfie

lyrique ces vers font ordinairement de douze ou
feize fyllabes, comme

ببوي نافهٔ كاخر صبا زان طرّه بكشايد
زجعد زلف مشكينش چه تاب افتاد در دلها

Bĕbūī nā | feī kākhēr | sĕbā zān tūr | rĕ būcfchāyēd

Zĭ dgiādī zūl | fī mūfchkīnēfch | tchĭ tāb ūftād | ŭ

dēr dīlhā.

Quand le zéphir difperfe la douce odeur de ces

cheveux mufqués, quel ardent defir enflâme le

cœur de tes amans !

Quelques fois ils font de quatorze fyllabes en cette

forme,

$$- - \smile \mid \smile - - \mid - - \smile \mid \smile - -$$

comme

تا غنچهٔ خندانت دولت بكه خواهد داد
اي شاخ كل رعنا از بهر كه ميرويي

Tā ghūntchĕ | ĕkhēndānēt | dēvlēt bĕ | kĕ khāhēd dād

Aī fchākhĭ | gŭlī rānā | ēz bēhrĭ | kĕ mīrūyī

Ah ! tes levres riantes de boutons de rofes quel

amant rendront-elles heureux ? O douce branche

d'une tendre plante ! pour qui pouffes-tu tes re-

jettons ?

R

ou en celle-ci,

‒ ‒ ˘ | ‒ ‒ ‒ ˘ | ‒ ‒ ‒ ˘ | ˘ ‒ ˘

comme

كوشم هبه بر قول ني و نغمت چنگست
چشم هبه بر لعل تو وكردش جامست

Gōſchēm hĕ | mĕ bēr kūlĭ | nĕy ū nāgmă | tĭ
  tchēnguēſt

Ṭchēſhmēm hĕ | mĕ bēr lālĭ | tŏ ū ghērdĕ | ſhĭ
  dgiāmēſt

Mon oreille eſt perpetuellement attentive à la mélodie de la flute, et aux douces notes du luth :
mes yeux ſont ſans ceſſe fixés ſur tes levres
de rubis et ſur la coupe circulante.

Cette ſorte de meſure eſt aſſéz ſemblable à celle
dont Sapho ſe ſert dans ces vers élégans cités par
Hepheſtion,

Γλυκεῖα μᾶτερ, ἔτοι δύναμαι κρέκειν τ̀ ἰϛὸν
Πόθω δαμεῖσα παιδὸς βραδιναν δι' Ἀφροδίταν.

leſquels il ſcande ainſi,

Γλυκεῖα μᾶ | τερ, ἔτοι δύ | ναμαι κρέκειν | τ̀ ἰϛὸν
Πόθω δαμεῖ | σα παιδὸς βρα | διγαν δι' Ἀ | φροδίταν.

D'autres vers lyriques contiennent treize syllabes
en cette forme,

$$\breve{\,\cup}\,-\,-\;|\;-\,-\,-\;|\;\breve{\,\cup}\,-\,-\;|\;-\,-$$

comme

صبا به تهنیت پیر میغروش آمد

که موسم طرب و عیش و ناز و نوش آمد

Sĕbā bĕ tēh | neītī pīr | ĭ meīfŏrōfch | āmēd
Kĕ mūsĭmī | tārbū eīfch | ŭ nāzŭ nōfch | āmēd.

Le zéphir vient féliciter le vieux maître de la mai-
fon des feftins, de ce que la faifon de l'alle-
greffe, de la joïe, des plaifirs, et du vin s'approche.

ou

$$\breve{\,\cup}\,-\,-\;|\;\breve{\,\cup}\,-\,-\;|\;\breve{\,\cup}\,-\,\breve{\,\cup}\;|\;-\,-$$

comme

صبا بلطف بگو آن غزال رعنارا

که سر بکوه و بیابان تو داده مارا

Sĕbā belūtf | bŏgoū ān | găzālĭ rā | nārā
Kĕ sēr bĕcoūh | vă byābān | tŏ dādeī | mārā.

La traduction de ce couplet a été donné ci-deffus,
page 94.

R 2

Les Perfans emploïent quelques fois une mefure
confiftant en trochées et fpondées alternativement,
ainfi que ces vers de Catulle et d'Ariftophanes,

Çras amet qui nunquam amavit, quique amavit
çras amet.

"Ος¹ς ἡμῶν τὰς 'Αθήνας ἐκκεκώφηκας βοῶν.

de même Hafiz,

ابر اذاري بر آمد باد نوروزي وزيد

Aber âzari ber âmed badi neurúzi vazíd.

Les nuages du printems paroiffent, les zéphirs de
l'agréable faifon foüfflent.

Mais le vers le plus commun en Perfan contient
onze fyllabes, comme

چونكه گل رفت وگلستان درگذشت
نشنوي زان پس زبلبل سرگذشت

Tchúnkeh gul reft va guliftán derguzefcht
Nefchenvi zán pes zebulbul ferguzefcht

Quand les rofes fe fletriffent, et que le bofquet
perd fes douces odeurs, on n'entend plus le ga-
zouïllement du roffignol.

C'eſt dans cette derniere meſure que ſont écrits tous les grands poëmes Perſans, tant ſur les ſujets héroïques que ſur les ſujets moraux, comme les ouvrages de Ferdúſi, de Giámi, le Boſtan de Sadi, et le Meſnavi de l'excellent Gelaleddin.

Je me ſuis arrêté ſi long temps ſur les différentes ſortes de vers Perſans, parce qu'on trouve peu de livres, et même peu de lettres communes dans cette langue, où il n'y ait pluſieurs fragments de poëſie; et parce qu'on doit les lire ſuivant les pauſes de la ſcanſion : ainſi l'élégant diſtique ci-deſſous, cité par Meninſki,

تیادر چیین هر تاري بود زلف ترا صد چیین
که سازد بر گل سوري زسنبل پوده چیین بر چیین

doit être prononcé

Tebader tchí | ne her tarí | buved zulſí | tera ſad tchín

Ke ſazed bér | gulí ſurí | zeſumbul pú | de tchín ber tchín

avec un accent marqué ſur chaque quatrieme ſyl-labe; et on doit obſerver ici, que les Perſans ainſi que les François, appuïent communément sur la dernière syllabe de leurs mots.

Quant à la profodie Perfanne rien n'eft fi facile et fi fimple ; les voïelles ا elif, و vau, et ي ya font longues par elle-mêmes ; les points, qu'ordinairement elles fuppriment, font naturellement courts ; et chaque courte fyllabe qui finit par une confonne, eft longue par pofition ; comme شیراز Schiraz, سنبل sŭmbūl, دهان dĕhān, سمن sĕ-mēn : mais les poëtes Perfans, ainfi que les poëtes d'autres nations, ont plufieurs licences ; fouvent ils ajoutent une courte voïelle qui n'appartient pas proprement au mot, comme dans le prémière ode d'Hafiz,

ولی افتاد مشکلها   vĕlī āftādŭ mūfchkīlhā,

کجا دانند حال ما et   cŭdgiā dānēndĭ hālĭ mā.

C'eft encore à leur gré qu'ils raccourciffent les longues fyllabes en omettant les voïelles ا elif, و vau, et ي ya ; ainfi بیرون bīrūn, qui eft un fpondée, devient un piéd iambique quand il eft écrit برون bĕrūn : en la même manière دکر eft emploïé pour دیکر et بدن pour بودن L'omiffion de l elif eſt plus commune ; ainſi ره eſt mis pour راه et فشان pour افشان, comme dans ce beau diſtique,

می خواه وكلغشان كن از دهر چه ميجويي
اين كفت سحركه كل بلبل تو چه ميكويي

Fais apporter du vin, et diſperſe des fleurs autour de nous ; quelle faveur peux-tu attendre de la fortune ? ainſi parloit la roſe ce matin : O roſſignol ! que dis-tu de cette maxime ?

Dans ces lignes كلغشان eſt emploïé pour كلافشان *répandant des fleurs*, et سحركه pour سحركاه *le matin*.

Je terminerai cette ſection par quelques exemples de vers Perſans depuis le مصراع ou *hemiſtiche*, juſqu'au غزل ou *ode*, laquelle ne differe de la قصيده ou *élegie* que par le nombre des diſtiques, l'ode en aïant rarement moins de cinq, et l'élegie moins de vingt. Je ne donnerai pas ces exemples au hazard, mais je choiſirai les pieces les plus remarquables pour la beauté du ſentiment et la délicateſſe de l'expreſſion.

مصراع *Hemistiche.*

كل نچيند كسي كه كارد خار

Celui qui plante des épines ne recuëillira pas des
roſes.

بيت *Distique.*

كاروان رفت وتو در خواب وبيابان در پيش
كجا روي ره زكه پرسي چكني چون باشي

La caravane eſt partie, et tu dors ; le deſert eſt
autour de toi ; où iras-tu ? à qui demanderas-
tu ton chemin ? que feras-tu ? comment pour-
ras-tu exiſter ?

رباعي *Tetrastique.*

هنكام سپيده دم خروس سحري
داني زچه رو هي كند نوحه كري
يعني كه نبودند در اينهٔ صبح
كز عمر شبي كذشت وتو بيخبري

Lorſque le point du jour paroit, ſais-tu pourquoi
l'oiſeau du matin gémit ? Il dit, que le miroir
du jour montre qu'une nuit entiere de ta vie
s'eſt écoulée, tandis que tu es plongé dans l'in-
dolence.

Autre Tetraftique.

خواهي كه نباشي بغمّ ورنج قرين
بشنو سخن پاكتر از درّ ثمين
از دشمن آزرده تغافل منماي
وز صاحب كبر وكينه ايمن منشين

Veux-tu t'affranchir de toute affliction et douleur ?
écoute une maxime plus eftimable que les pierreries les plus précieufes.   Ne méprife pas ton
ennemi, bien qu'il foit dans la détreffe ; et ne
te confie pas à ton ami, s'il eft orguëilleux et
malfaifant.

Dans toutes les élegies et les odes Perfannes les
deux prémiers hemiftiches ont la même rime,
qui eft continuée pendant tout le cours du poëme
à la fin de chaque diftique.   Une petite piece de
poëfie, dans laquelle les deux prémieres lignes ne
riment pas enfemble eft nommée قطعه *un frag-
ment* ; ainfi eft cette élégante fable de Sadi fur les
avantages de la bonne compagnie,

گِلي خوشبوي در حمام روزي
رسيد از دست محبوبي بدستم

S

بدو كفتم كه مشكى يا عبيري

كه از بوي دلاويز تو مستم

بكفتا من كل ناجيز بودم

وليكن مدتى با كل نشستم

كمال همنشين در من اثر كرد

وكرنه من همان خاكم كه هستم

Un jour que j'étois dans le bain, un de mes amis me présenta une piéce * d'argille odoriferante. Je la pris, et lui dit, Es-tu du musc ou de l'ambregris? car je suis charmé de ton odeur delicieuse. Elle me répondit, Je n'étois qu'une méprisable piéce d'argille, mais aïant été pendant quelque tems en compagnie de la rose, la douce qualité de ma compagne me fut communiquée, sans cela je n'aurois été qu'une piéce de terre comme je le parois.

Quand les deux lignes de chaque vers riment ensemble dans tout le cours de la piéce, on la nomme مثنوي comme dans l'exemple suivant :

* كل خوشبوي ghili khofchbúi, une forte d'*argille* *onctueuse* que les Perfans parfument avec de l'effence de rofes, et dont ils fe fervent dans les bains au lieu de favon.

چنین است آیین کردنده دهر
نه لطفش بود پایدار ونه قهر
نه پرورد کس را که آخر نکشت
که در مهر نرم است ودر کین درشت

Telle est le caractere de l'inconstante fortune, ni sa douceur ni sa rage ne sont pas de durée : elle n'exalte qui que ce soit sans finir par l'oppresser ; car elle est volage dans ses affections, quoique très violente dans sa haine.

فریدون فرّخ فرشته نبود
زمشک وعنبر سرشته نبود
بداد ودهش یافت آن نیکویی
تو داد ودهش کن فریدون توبی

L'heureux * Feridoun n'étoit pas un ange ; il n'étoit pas formé de musc et d'ambergris. Il

* Un ancien roi de Perse, très célébre pour ses eminentes vertus. Le savant d'Herbelot a fait une étrange méprise dans la traduction de ces deux lignes (voïez l'article FARRAKH de sa Bibliothéque Orientale) car ne se ressouvenant pas du sens de فرّخ HEUREUX, il en fait un nom propre, et nous dit que Farrakh étoit un *homme* que les Persians regardoit comme un parfait modele de justice et de magnanimité.

acquit une grande réputation de justice et de libéralité : sois juste et libéral, et tu seras un Feridoun.

جواني پاكباز وپاك رو بود
كه با پاكيزه روبي در كرو بود
چنين خواندم كه در درياي اعظم
بكردابي دراوفتادند باهم
چو ملّاح آمدش تا دست كيرد
مبادا كاندر آن سختي بميرد
همي كفت از ميان موج تشوير
مرا بكذار ودست يار من كير
درين كفتن جهان بروي دراشفت
شنيدندش كه جان مي داد ومي كفت
حديث عشق از آن بطّال منيوش
كه در سختي كند يار فراموش

Il y avoit un aimable et tendre jeune homme, qui étoit accordé en mariage à une très belle fille. J'ai lû, qu'un jour qu'ils cingloient en pleine mer, ils tomberent ensemble dans un gouffre. Le marinier aïant entrepris de sauver le jeune homme, et tendant la main, celui-ci s'écria, en montrant du doigt son amante que

les vagues fubmergeoient, Laiffe-moi, et prens
la main de ma bien-àimée : ces paroles furent
admirées de tous les fpectateurs qui l'entendi-
rent en expirant prononcer ces mots ; N'appre-
nez point la leçon d'amour du miferable qui
oublie fon amante dans l'heure du danger.

J'efpére que ces exemples fuffiront pour détrom-
per ceux, qui penfent que la poëfie Afiatique confifte feulement en images élevées et en defcriptions
fleuries.   On trouve à peine une leçon de morale,
où un tendre fentiment dans quelque langue Européene que ce foit, dont on ne puiffe trouver le
femblable dans les poëtes de l'Afie.   Les vers
d'onze fyllabes qui font emploïés par les Perfans
dans leurs grands poëmes riment toujours enfemble
par diftiques.   Il eft inutile de donner ici un exemple de la قصيده ou *élegie* Perfanne, puis qu'elle
ne différe que par fa longueur du غزل ou *ode* :
on peut feulement obferver, que la Caffidah roule
fouvent fur des fujets élevés, et que les Gazals
pour la plûpart célebrent l'amour et les plaifirs,
ainfi que les odes légéres d'Horace et d'Anacreon.

Les plus élégans auteurs de ces sortes d'odes sont
جامی Dgiámi et حافظ Háfiz, chacun desquels a
laissé une ample collection de ses poëmes lyriques.
On peut hardiment avancer, que parmi les odes
que nous avons des Grecs et des Romains sur les
mêmes sujets, il s'en trouve peu de mieux finies
et de plus élégantes que celles des poëtes Persans :
il ne faut à ces dernieres qu'un lecteur qui puisse
les voir dans leurs ornemens naturels, et sentir
dans leur prémiere forme le pouvoir des beautés
que la traduction affoiblit toujours. Parmi envi-
ron trois cent odes d'Háfiz que j'ai paraphrasées,
je donnerai ici la prémiere que le hazard me pré-
sente : quand l'étudiant sera capable d'entendre les
images et les allusions des poëmes Persans, il verra
à chaque ligne combien il est impossible de les traduire litéralement dans quelque langue Européene
que ce soit.

گل بی رخ یار خوش نباشد

بی باده بهار خوش نباشد

طرف چمن وطواف بستان

بی صوت هزار خوش نباشد

رقص بدن سرو وحالت گل

بی لاله عذار خوش نباشد

با یار شکر لب کلا ندام

بی بوس وکنار خوش نباشد

باغ گل ومل خوشست امّا

بی صحبت یار خوش نباشد

هر نقش که دست عقل بندد

بی نقش ونگار خوش نباشد

جان نقد محقّرست حافظ

از بهر نثار خوش نباشد

La rose n'est point odoriférante sans les joües de ma bien-aimée; le printems n'a point de douceur sans du vin.

Les bordures des bosquets, et les allées du jardin ne sont point agréables sans les chants du rossignol.

Le mouvement des ondoïans cyprés et des vacillantes fleurs ne plaisent point sans une maitresse dont les levres sont semblables aux tulipes.

La présence d'une beauté aux douces levres et au teint de rose n'a point de charmes sans les baisirs et les caresses.

Le jardin de rose et le vin sont doux, mais ils n'ont pas de véritables délices sans la compagnie de ma bien-aimée.

Tous les tableaux que la main de l'art peut tracer n'ont rien de frappant sans les couleurs éclatantes d'une belle fille.

Ta vie, O Háfiz ! n'est qu'une modique piece d'argent, dont le prix n'est pas assez considérable pour être offert dans cette fête.

Ce dernier distique fait allusion à la coutume Asiatique de jetter l'argent parmi les convives, soit dans les festins de noces, soit dans les autres occasions extraordinaires : les Persans appellent cet argent نثار nisár, et celui qui le ramasse نثار چين nisár tchín.

Je conclurai cette Grammaire par la traduction de l'ode mentionée dans la section sur les lettres Persannes ; voïez page 13.

Si cette aimable et jeune beauté de Schiraz vouloit accepter mon cœur, je donnerois les villes de Samarcande et de Bokhara pour le seing qui est sur sa joüe.

Garçon, apporte-moi le refte de ce vin, car tu ne trouveras en paradis ni les agréables bords de Rocnabad, ni les berceaux de rofes de Mofella.

Hélas! ces nimphes folâtres, ces aimables trompeufes, dont la beauté excite un tumulte dans notre ville, ont enlevé à mon cœur le repos et la patience, femblables aux Turcs qui s'emparent de leur pillage.

Mais notre amour ne peut accroitre les charmes de nos favorites; un vifage embelli par la nature, a-t-il befoin de parfums, de couleurs artificielles, et d'ornemens étrangers?

Parle-moi de mufique et de vin, et ne cherche point à pénétrer dans les fecrets de l'avenir; car nul, quelque fage qu'il fut, ne les a découvert, et nul ne les découvrira.

Je puis aifément comprendre comment la profonde impreffion que les beautés de Jofeph firent fur Zuleikha rompit le voile de fa chafteté.

O mon ame! écoute et fuis les confeils prudens; car les jeunes gens d'un heureux caractere chériffent les avis des vieillards comme leur propre vie.

T

Tu as dit du mal de moi ; cependant je n'en ſuis point offenſé : puiſſe le ciel te pardonner ! tu as bien dit : mais des paroles ameres ſeïent-elles à des levres ſemblables aux rubis, et deſquelles ne devroit découler que la douceur ?

O Háfez ! quand tu compoſes des vers, tu parois former un cordon de perles : viens, chante-les agréablement ; car le ciel ſemble avoir répandû ſur ta poëſie la clarté et la beauté des Pléïades.

FIN DE LA GRAMMAIRE.

CATALOGUE

DES

PLUS ESTIMABLES OUVRAGES
EN LANGUE PERSANNE.

Oxf.   Les Bibliothéques publiques à Oxford.
Par.   La Bibliothéque roïale à Paris.
Lond. Le Muséum Britannique à Londres.
Part. Les Collections des Particuliers.

HISTOIRE.

كتاب روضة الصفا تصنيف امير خواند شاه

Le jardin de la pureté, par Mirkhond.—Hiſtoire générale de la Perſe en pluſieurs gros volumes. *Oxf. Part.*

اكبر نامه ابو الغضل

Vie du Sultan Acber, par le ſavant et élégant Abu'l Fazl. *Oxf.*

كتاب آيين اكبري

Defcription de l'empire de l'Inde, écrite par une
focieté d'habiles gens, et par l'ordre du Sultan
Acber.——Une traduction de ce livre feroit extremement utile aux compagnies Européenes
qui trafiquent dans l'Inde, comme contenant
une rélation détaillée de ce qui concerne chaque
province et ville de la domination du Grand
Mogul, des revenûs, et des dépenfes de ce
prince, tant pendant la paix que pendant la
guerre ; des ufages et cérémonies de fon palais ;
et enfin une defcription des productions natu-
relles de fon empire.   *Oxf.*

واقعات بابري

Les actions du Sultan Baber ; écrites par lui-même
ou fous fon infpection.——Ce livre contient un
détail exact des guerres de ce prince, et l'hiftoire naturelle de fes états.   *Oxf.*

تاريخ كشمير

L'hiftoire du Cachemir, par un naturel de cette ex-
traordinaire païs.——Ouvrage très curieux et très
amufant.   *Oxf.*

تاريخ عالم اراي عباسى

Vies des rois Perfans depuis le chef de la famille
de Sefi jufques à la mort d'Abbas le Cruel,
improprement furnommé le Grand. *Oxf.*

تاريخ كزيده

La chronique choifie.—Cet ouvrage eft une excel-
lente hiftoire de Perfe ; il a été traduit en Arabe
et en Turc. *Oxf.*

خلاصة الاخبار

Hiftoire abregée de la Perfe en un volume, par
Khondemïr, auteur agréable et favant. *Oxf.*

لبّ التواريخ

Le moëlle des hiftoires.—Une ample hiftoire de l'empire Perfan, écrite vers le milieu du feizieme
fiécle par Abdallatif, natif de Cazvin.

ظفر نامه

Le livre des victoires.—Hiftoire de Timur, communément nommé Tamerlan, écrite dans un
ftyle très beau et très élégant. *Oxf.*

تذكرة الشعراء تصنيف دولت شاه

Vies des poëtes Perfans, par Devletfchah de Samarcande. *Par. Oxf.*

تاريخ جهانكشا يا تاريخ نادري من كلام
ميرزا مهدي

Hiftoire de Nader Chah, roi de Perfe, écrite par
Mirza Mahadi, et traduite en François par
l'Auteur de cette Grammaire.

P O E S I E.

شاه نامه فردوسي

Scháh-námeh. Collection de poëmes héroïques
fur les anciennes hiftoires de Perfe, par Fer-
doufi. Voïez le traité de la poëfie orientale
ajouté à l'hiftoire de Nader Chah, fect. ii. p.
248. *Oxf. Part.*

كليات خاقاني

Les œuvres de Khakáni, poëte hardi et fublime.
Oxf. Part.

ديوان حافظ

Les odes d'Háfez : voïez le traité ci-deſſus men-
tioné. *Lond. Oxf. Par. Part.*

كليات سعدي

Les œuvres de Sâdí ; contenant

گلستان ou *le berceau de roſes,*

بوستان ou *le jardin,*

ملمعات ou *les raïons de lumiere,* &c.

Les deux prémiers de ces excellens livres ſont très
communs ; mais je n'ai point lû le dernier : ils
ſont tous les trois ſur des ſujets moraux, et écrits
avec toute l'élégance de la langue Perſanne.   *Oxf.*

كليات احلي

Les œuvres d'Ahlí ; contenant

سحر حلال *la magie permiſe,* poëme.

شمع وپروانه *le papillon et le flambeau,* poëme.

كتاب قصايد *un volume d'élegies.*

كتاب غزليات *un volume d'odes.*   *Oxf.*

كليات جامي

Les œuvres de Giámi ; contenant, entre les autres,

سلسلة الذهب *la chaine d'or,* poëme en trois
chants.

قصه سلمان وابسال *Selman et Abſal*, conte.

سكندر نامه *la vie d'Alexandre*.

يوسف وزليخا *les amours de Joſeph et Zuleikha*, excellent poëme.

ليلي ومجنون *les amours de Leila et de Meg-noun*.

ديوان جامي *collection d'odes*.

بهارستان *le ſéjour du printems*.

تحفة الاحرار *le don des nobles*.

سجية الابرار *les manieres des juſtes*. *Oxf. Lond.*

ديوان خسرو

Un volume d'odes élégantes, par Mir Khoſru. *Oxf.*

مثنوي

تصنيف جلال الدين رومي

Ouvrage poëtique intitulé *Meſnavi*, ſur divers ſujets, de religion, d'hiſtoire, de morale, et de politique; compoſé par Geláleddîn, ſurnommé Rúmi.—Ce poëme eſt fort admiré en Perſe, et en effet mérite de l'être. *Oxf. Part.*

ديوان انوري

Les poëmes d'Anvarí, cités par Sâdí dans ſon Guliſtan, et fort eſtimés en Orient.

كليات نظامي

Les œuvres de Nezámi ; contenant six poëmes :

اسرار العاشقين *les secrets des amans.*

هفت پيكر *les sept figures.*

خسرو وشيرين *les vies de Khosru et de Schirin.*

سكندر نامه *la vie d'Alexandre.*

ليلي ومجنون *Leila et Megnoun,* conte.

مخزن الاسرار *le trésor des secrets. Lond. Part.*

پند نامه

Pend-námeh. Sentences morales dans le goût de celles de Theognis en Grec, par فريدالدين عطّار Ferídeddín Attar. *Lond. Oxf.*

كليات كاتبي

Les œuvres de Catebi ; contenant cinq poëmes :

مجمع البحرين *la jonction de deux mers.*

ده باب *les dix chapitres.*

حسن وعشق *l'amour et la beauté.*

ناصر ومنصور *le conquerant et le triomphant.*

بهرام وگلاندام *les amours de Baharam et de Gulendam.*

U

Il y a plufieurs autres hiftoires et poëmes en Perfan ; mais les ci-deffus mentionés font les plus célébres en Afie. Les poëtes de la feconde claffe font روندكي Roudekí, qui a traduit les fables de Pilpai en vers ; رشيدي Refchídí, qui a écrit un art poëtique intitulé حدايق السحر *le jardin enchanté* ; احمدي Ahmedí, qui a fait un poëme héroïque fur les grandes actions de Tamerlan : fans faire mention d'un grande nombre d'autres poëtes qui font peu connûs en Europe.

PHILOSOPHIE.

انوار سهيلي كاشغي

La lumiére de Soheil ou Canopus.—Une très élégante paraphrafe des contes et fables de Pilpai, par Cáfchefi. *Oxf.*

عيار دانش

La pierre de touche du favoir ; traduction encore plus litérale de Pilpai, par Abu'l Fazl. *Oxf.*

هزار يك روز

Les contes Perfans de mille et un jours, traduits en François par Petit de la Croix.

نگارستان جويني

Nigáriſtán, *la galerie des peintures*, par Giouîni.
—Oeuvres melées ſur des ſujets de morale, en
proſe et en vers.   On trouve une très belle co-
pie de cet ouvrage dans la bibliotheque Bodle-
ïane à Oxford.   *Mar*. 397.

دانش نامه

Syſteme de philoſophie naturelle, par Isfahani.
Oxf.

جواهر نامه

Hiſtoire naturelle des pierres précieuſes.   *Oxf.*

Les Perſans ont pluſieurs ouvrages ſur la géo-
metrie, l'algebre, l'aſtronomie, les mécaniques,
la logique, la rhétorique, et la phyſique; qui tous
méritent d'être lûs et étudiés par les Européens.
Les Perſans ſont fort amateurs d'élégans manuſcrits; tous leurs ouvrages favoris ſont en général
écrits ſur du papier de la plus fine ſoie, le fond
en eſt ſouvent ſouſpoudré avec de la pouſſiere d'or
ou d'argent: les deux prémieres feuïlles y ſont
communément enluminées, et le livre entier eſt

U 2

souvent parfumé avec de l'effence de rofe, ou du bois de fandal. Le poëme de Jofeph et de Zuleikha dans la bibliotheque publique d'Oxford eft peutêtre un des plus beaux manufcrits, qui foit au monde : les marges de chaque page y font dorées et ornées de guirlandes de fleurs, et l'écriture en eft élégante au dernier point ; c'eft dans la collection du favant Greaves, N° 1. Les Afiatiques ont plufieurs avantages pour écrire ; leur encre eft extremement noire, et ne perd jamais fa couleur ; les rofeaux Egyptiens dont ils fe fervent font formés pour faire les plus beaux traits et ornemens ; enfin leurs lettres entrent fi aifément l'un dans l'autre, qu'ils peuvent écrire avec plus de viteffe qu'aucune autre nation. Il n'eft donc pas étrange qu'ils préferent leurs manufcrits à nos livres les mieux imprimés ; et fi jamais le défir de faire généralement circuler leur favoir les engage à adopter l'art de l'imprimerie, ils feront bien de conferver leurs ouvrages claffiques en manufcrits.

Je conclurai par une ode Perfanne dans les trois fortes d'écritures Afiatiques, et j'ajouterai quelques remarques fur chacune d'elles.

I.

N I S K H I.

C'eſt ici la ſeule forme d'écriture que nous pouvons exactement imiter avec nos lettres : c'eſt l'écriture des Arabes, qui ont inventé les caracteres ; elle doit, par conſéquent, être familiere avant que d'entreprendre la lecture des autres ſortes d'écriture : elle eſt frequemment emploïée par les Perſans, et c'eſt celle de l'hiſtoire de Nader Chah.

II.

T A L I K.

Cette belle écriture peut être lue très aiſément par les Européens, s'ils entendent la langue Perſanne ; et s'ils ne l'entendent pas, que leur ſerviroit de la lire ? Dans cette forme les traits ſont extremement fins, et les lettres initiales ز ز ز ſont quelques fois preſque imperceptibles. Les caracteres ſont les mêmes que ceux qu'on emploie en imprimant, excepté que س et ش ſont ſouvent exprimés par un long trait du roſeau, comme dans le troiſieme mot de la ſeconde ligne, qui répond à ساقي : il y a encore deux exemples pareils dans la troisieme ligne. Comme les Perſans forment toujours leurs lignes d'une longueur égale, ils ſont obligés de placer leurs mots en une maniere très irréguliere : ſi la ligne eſt trop courte, ils l'allongent par un beau trait du roſeau ; ſi elle eſt trop longue, ils écrivent les mots les un ſur les autres. Dans les poëmes Perſans les copiſtes placent les deux membres d'un vers ſur la même ligne, mais non comme nous le prémier ſur le ſecond ; au contraire, un Perſan écriroit les vers ſuivans en cette ordre,

Avec raviſſement,   *Le ſouverain entend,*
D'un Dieu il prend la mine, Sa tête altiere incline.

On doit avoüer que cette maniere irréguliere d'écrire, jointe à la confuſion des points diacritiques, qui ſont ſouvent placés au hazard, et quelques fois omis, rend les manuſcrits Perſans très difficile à entendre, juſqu'à ce que la langue ſoit devenue familiere ; mais cette difficulté, comme toutes celles qu'on rencontre dans la vie, eſt inſenſiblement ſurmontée par l'induſtrie et la perſeverance, fans lefquelles nul grand deffein ne peut être accompli.

III.

SCHEKESTEH.

Dans cette groffiere écriture tout ordre et toute analogie font négligés ; les points qui diftinguent ف de ق, خ de ج, et ب de ت ث et ن &c. font pour la plûpart omis, et ces fept lettres ا د ذ ر ز و font jointes à celles qui les fuivent d'une maniere très irréguliere. C'eft ici certainement une difficulté très confiderable, laquelle doit être furmontée avant que le commençant puiffe traduire une lettre Indienne : mais je fuis perfuadé que la plus grande partie de ceux qui s'en plaignent ont une difficulté encor plus grande à vaincre ; c'eft leur connoiffance imparfaite de la langue.

DE L'IMPRIMERIE DE J. RICHARDSON, DANS SALISBURY COURT, FLEET STREET.

چو آفتاب مي از مشرق پياله برآيد

زباغ عارض ساقي هزار لاله برآيد

نسيم در بر كل بشكند كلالهٔ سنبل

چو از ميان چمن بوي آن كلاله برآيد

شكايت شب هجران نه آن شكايتهاست

كه شمهٔ زبيانش بصد رساله برآيد

كرت جو نوح نبي صبر هست در غم طوفان

بلا بكردد وكام هزار ساله برآيد

بسعي خود نتوان برد كوهر مقصود

خيال تست كه اين كار بيحواله برآيد

زكرد خوان فلك كو طبع چه ميداري

كه بيبلالت صد غصه يكنواله برآيد

نسيم زلفت اكر بكذرد بتربت حافظ

رخاك كالبدش صد هزار لاله برآيد

Talik   *Shekesteh*